LA COULEUR DU DESTIN

Trois récits, trois personnages entraînés par un même destin. Dans les ruines de la Villa d'Hadrien, l'homme à tout faire d'un bordel romain se trouve confronté au chaos des temps, des définitions et des personnes. Par une belle journée d'été en Toscane, une femme du monde que tous trouvent bizarrement « un peu pâle » est accablée par un cuisant sentiment de manque. Dans la cohue de Milan, de ses trams et de son métro, erre un certain Inzaghi, guidé par d'indéfinissables présages.

Pour la première fois, les « inséparables » apparaissent dans un ordre qui n'est pas alphabétique mais chronologique : la première nouvelle, « Ruines avec figures », a en effet été écrite par Lucentini en 1964 ; la deuxième, « Je te trouve un peu pâle », par Fruttero en 1979 ; et la troisième, « La couleur du destin », par les deux ensemble en 1987.

Fruttero & Lucentini. Sous ce sigle, les écrivains Carlo Fruttero (né à Turin en 1926) et Franco Lucentini (né à Rome en 1920) signent les essais et les romans qu'ils produisent depuis de nombreuses années avec cette écriture à quatre mains si singulière.

Ils sont tous deux collaborateurs éditoriaux des maisons d'édition Einaudi et Mondadori, et ils vivent à Turin. Ex-directeurs de la revue de science-fiction Urania, *ils ont réalisé ensemble une anthologie de nouvelles anglo-saxonnes intitulée* Histoires de fantômes *(1960).*

Ils se sont trouvés d'emblée, ensemble, parmi les auteurs les plus populaires (mais non les moins raffinés) de l'Italie et du monde entier.

Franco Lucentini
& Carlo Fruttero

LA COULEUR DU DESTIN

Traduit de l'italien
par Simone Darses, Gérard Hug
et Philippe Jaccottet

Éditions du Seuil

La première édition de *Ruines avec figures*
a été publiée, dans le recueil du même nom,
aux éditions du Seuil en 1975.
La première édition de *Je te trouve un peu pâle*
a été publiée aux éditions du Seuil en 1982.

TEXTE INTÉGRAL

TITRE ORIGINAL
Il colore del destino

ÉDITEUR ORIGINAL
Arnoldo Mondadori Editore S.p.A., Milan

ISBN original : 88-04-30094-9

ISBN 2-02-029888-0
(ISBN 2-02-011427-5, édition brochée
ISBN 2-02-014391-7, 1re publication poche)

Au lecteur

En 1832, à la suite du total insuccès sur les scènes parisiennes d'un drame qu'ils avaient écrit ensemble, deux poètes romantiques français décidèrent d'un commun accord de se donner la mort. Et c'est à eux, aux malheureux Victor Escousse et Auguste Lebras, que va notre pensée lorsque nous nous entendons appliquer avec condescendance, voire avec mépris, la définition « auteurs à succès ». Réussir, réfléchissons-nous, est sans doute grossier, sinon inconvenant ; mais échouer doit être pire.

Le fait d'être un « cas littéraire » comporte d'ailleurs, à côté de somptueux avantages, un certain nombre de désagréments. Le « & » commercial de notre signature — qu'on le juge provocateur, spirituel, vulgaire, cynique ou d'un snobisme intolérable — ne pouvait que susciter toute une floraison de clichés, de la « firme réputée » au « couple fortuné », des « deux maîtres confiseurs » au « duo diabolique », et ainsi de suite, livre après livre, inexorablement.

Quant aux critiques et aux chroniqueurs moins rudimentaires, ils ne manquent jamais, dans leurs interventions occasionnelles en notre défaveur, d'en appeler aux théories de l'Art et à la science du Beau pour souligner les lacunes fatales que cette double signature laissait présager. Comment pourrait-il y avoir vraie inspiration, vraie passion, vraie créativité et, donc, vraie littérature dans un roman ou un récit écrit par un « & » ?

Les dons mêmes qui nous sont pourtant reconnus deviennent alors des preuves accablantes à charge de nos « produits », fruits évidents d'un froid calcul, d'une programmation astucieuse, d'une technologie sophistiquée dont le seul but est de complaire aux exigences du marché de masse. Comme si l'ombre de Fiat (étant donné notre lieu de résidence) polluait d'industrialisme multinational chacun de nos écrits, jusqu'à leur syntaxe, à leur lexique, et même à leur ponctuation.

Et pourtant, si nous devions revenir à l'époque où nous avons signé ensemble *Le plombier ne viendra pas,* notre première œuvre en collaboration (et en vers), nous referions ce choix, nous remettrions ce « & » scandaleux. C'est vrai, ce fut un défi, une déclaration de jeu, un « manifeste », même si par la suite certaines idiosyncrasies que nous avons en commun nous interdirent d'en tirer une quelconque théorie. On peut ne pas être des poètes romantiques et cependant préférer la mort à l'idée de disserter gravement sur soi-même et sur son œuvre. Sans compter que, toujours aux environs de 1830, circulait parmi les dandies anglais la maxime, plus sage que hautaine : *Never apologize, never explain* (Ne jamais s'excuser, ne jamais donner d'explications).

Mais puisque notre activité commune représente, somme toute, une espèce d'anomalie, il nous semble juste de satisfaire autant que possible la légitime curiosité du lecteur bienveillant. Pourquoi cette fois-ci nos deux noms ne sont-ils pas dans l'ordre alphabétique ? Comment chacun de nous écrirait-il sans l'autre ? Comment écrit-on à deux ?

Les réponses ne sont pas dans ce livre, elles sont ce livre même. Des trois récits présentés ici dans l'ordre chronologique, le premier a en effet été écrit par Lucentini seul en 1964 ; le deuxième (bien que publié originairement sous la double signature), par Fruttero seul en 1979 ; et le troisième — d'où le volume tire son titre — par les deux ensemble en 1987. En appendice, quelques notes préciseront les circonstances de leur composition, leur *printing history,* leurs sources directes ou indirectes, etc.

C'est tout ce que Fruttero & Lucentini (ou Lucentini & Fruttero) ont à offrir au lecteur ami, à part bien sûr leur reconnaissance pour les avoir jusqu'ici éloignés du geste irréparable d'Escousse & Lebras (ou de Lebras & Escousse).

Lucentini & Fruttero

I

Franco Lucentini

Ruines avec figures

Traduit par
Philippe Jaccottet

I

— Allô ? dis-je. Hein ?... Ah oui, c'est moi... Non, Léa qui ?... Non, je ne me rappelle pas.

Au-dessus du téléphone, le mur était couvert de noms et de numéros en colonne, à côté du fil. En fait, tous n'étaient pas en colonne, il y en avait aussi d'écrits ici et là, et de travers.

— Allô ! dit l'autre au bout du fil.

— Hein ? Ah oui, allô... Non, excuse. Quelle Léa ?... Ah, celle qui était ici l'autre année ?... Oui, je me rappelle. Comment vas-tu ?... Moi bien, merci.

Par endroits, le papier était arraché. Ailleurs, il y avait un trait dessous, on aurait dit une addition :

Pietrangeli 480 597
gaz 683 332

Sept et deux neuf. Neuf et trois douze. Je pose deux et je retiens un.

— Mais qu'est-ce que tu dis ? fit-elle.

— Comment ? Pardon, je le disais pas à toi. Qu'est-ce que tu disais ?

Je couvris les numéros de la main et j'ai mieux écouté : apparemment qu'à présent ladite Léa devait absolument me voir le lendemain matin à onze heures, à San Giovanni. J'ai répondu que ça allait.

— Ça va. Ciao.

En fait, je ne trouvais pas que ça allait si bien que ça, mais j'avais écarté les doigts et, dessous, les chiffres réapparaissaient :

ngeli	480
gaz	683

Trois. Huit et huit seize.

— Je t'en prie, Professeur. N'oublie pas.

— Ça va. Ciao.

« Non, attends, criai-je. C'est que moi, à onze heures, je ne peux pas venir ! J'ai à faire, le matin... Comment ? Je dois faire les courses, non ?... Et ensuite, les chambres. Et puis, à présent, je donne un coup de main à la pension du dessus... Quoi ? Mais non ; ce n'est pas la question... C'est... Attends un moment.

« Madame ! criai-je.

La porte au fond du corridor s'ouvrit, et la Turinoise sortit, s'approcha :

— Ne criez pas comme ça, Professeur, Madame n'est pas rentrée. Il y a un couple dans sa chambre.

— Ah. Alors écoute, dis-je dans l'appareil, Madame n'est pas là en ce moment. Je lui parlerai demain matin... D'accord, si je peux venir, je viens. A présent je vais me coucher. Ciao.

— C'était qui ? dit la Turinoise. On demandait Madame ?

— Qui ? Non, c'était une fille qui était ici l'année passée. C'était moi qu'elle voulait. Ciao, je vais me coucher.

— Oh ! oh ! Professeur, dit-elle. Vous avez une petite amie ?

— Hein ? Mais qu'est-ce que tu veux ? Dégage !

Elle est venue avec moi à la cuisine et mit l'eau à chauffer, pendant que je faisais mon lit de camp.

— Alors quoi ? On ne peut plus demander à un jeune homme s'il a une petite amie ?

Elle resta là, à me regarder enlever mes souliers, plier mon pantalon.

— Écoute, dis-je, tu n'aurais pas une cigarette ?

— Je vais voir.

Je l'entendis entrer à la salle de bains et faire couler l'eau dans le bidet. Puis les deux qui étaient dans la chambre sortirent et heurtèrent à la porte de la cuisine, pour reprendre leurs papiers.

— Vous avez déjà payé ?

— J'ai payé à Madame.

— Les papiers sont sur le guéridon, dans l'entrée.

Je les entendis refermer, descendre l'escalier ; ensuite, il n'y a pas eu d'autres bruits. Gina aussi devait être sortie. La Turinoise, j'attendis un moment sa cigarette, mais elle ne se montra plus. J'éteignis.

Plus tard, on a ouvert la porte de l'appartement, puis celle de la chambre qui donne sur l'entrée. J'appelai :

— Gina !

— Mais qu'est-ce que tu veux ? dit-elle tout bas, en entrant dans la cuisine.

— Tu n'aurais pas une cigarette ?

— J'ai quelqu'un ! dit-elle, fâchée.

— Oh, pardon.

Elle sortit, elle a refermé la porte, puis elle a refermé la porte de sa chambre. Je voulais attendre le retour de Madame pour dire l'histoire du téléphone ; mais savoir quand elle rentrerait... Et l'autre qui avait appelé, savoir ce qu'elle voulait. Après, j'ai dormi.

Tôt le matin, quand je remontais avec le lait, dans la cuisine il faisait encore nuit, je devais garder la lumière allumée. Je faisais bouillir le lait, je lavais la vaisselle. Ensuite, plus tard dans la matinée, j'éteignais et le carrelage devenait tout gris, on voyait qu'il était encore sale : sous la table, un macaroni était resté collé par terre, ou un grain de raisin écrasé. Les premiers bruits de la cour entraient par la fenêtre du balcon.

Je faisais mon lit, et après je restais assis à regarder le carrelage, les rangées de carreaux. Si on regardait de loin, on pouvait croire que ce n'était pas vraiment des rangées, que c'était un sol d'un seul morceau, comme on en fait des fois aussi. Pourtant, si on regardait bien, on voyait les rangées et on pouvait les compter — les carreaux, ou les rangées —, sauf qu'on finissait toujours par se tromper d'une rangée. Ou plutôt, on ne se trompait pas vraiment, mais on ne se rappelait plus à quelle rangée on en était. Je restais les yeux fixés sur n'importe laquelle des rangées. Jusqu'à ce qu'on sonne en bas et que je me lève pour sortir la poubelle.

Quand je suis rentré, Madame s'était levée, elle était à la cuisine.

— Qui était-ce ? dit-elle.

— Les boueux.

— Tu as pensé au lait ?

— Oui, il a déjà bouilli, il est dans la casserole.

— Dis à Wanda de se lever, elle doit venir avec moi pour l'analyse.

Wanda, c'était la Turinoise ; mais apparemment que Madame, à présent, voulait la renvoyer, parce que son échauffement ne lui passait pas. Elle, elle disait qu'elle l'avait attrapé chez nous, malgré qu'elle n'était pas là depuis deux semaines ; et Madame disait qu'elle devait l'avoir avant.

J'allai au fond du corridor, j'ouvris la porte et appelai :

— Écoute, Madame dit que tu te lèves.

— Voilà... Quoi ?

— Madame dit que tu te lèves.

— Mais quelle heure est-il ? Qu'est-ce qu'elle veut ?

— Lève-toi ! cria Madame de la cuisine. Tu dois venir pour l'analyse !

Je retournai à la cuisine pendant que l'autre se levait.

— Elle se lève, dis-je. Je l'ai fait lever.

Madame a versé le café dans la casserole et ouvert la crédence, elle a pris le sucre.

— Sors les tasses, dit-elle.

Quand la Turinoise entra, nous avions déjà fini ; elle s'est assise là toute renfrognée, elle a posé le tube de comprimés à côté de sa tasse. Après, elle était toujours plus renfrognée, elle remuait tout le temps son café avec la cuillère, sans le boire.

— Dis donc ! fit Madame, tu te dépêches, oui ou non ?

Elle cessa de remuer son café, mais ne répondit pas.

— Tu entends, dis-je, ce que dit Madame ? Dépêche-toi.

— Ah ! là là ! cria-t-elle. Toi, mêle-toi plutôt de tes oignons ! Idiot, minable, demeuré.

Elle cria comme ça un moment, et après elle essayait de radoucir Madame, elle disait que c'était ma faute. Elle, l'analyse, ça ne la gênait pas. Au contraire. C'était le demeuré qui l'avait énervée.

— Mais pourquoi vous gardez un demeuré chez vous ? dit-elle.

Madame rinçait les tasses, elle n'écoutait même pas.

— Madame, dis-je, laissez ça, je le ferai.

— Sûrement ! dit-elle. Pour que tu m'en casses encore une de plus !

— Hein ?... Ah non ! Non et non !

— Non non mon cul ! cria-t-elle. Tu trouves que tu n'en as pas assez cassé comme ça ?

« Et puis, écoute un peu, qu'est-ce que tu m'as rapporté, hier ? Est-ce que je t'avais dit d'acheter du provolone ?

Moi, j'avais toujours l'idée qu'un jour ou l'autre elle me mettrait à la porte, la peur m'empêchait presque de parler.

— Non ? dis-je. Du stracchino ?

— Du stracchino ! hurla-t-elle. Du stracchino ! Quand est-ce que je t'ai dit de prendre du fromage ? Je t'avais dit du pain, des pâtes, des aubergines, des œufs, rien d'autre ! Pas de fromage ! Si tu veux t'acheter du fromage, tu le paies de ta poche, compris ? Et, la monnaie, tu me la rapportes à un sou près ! A un sou près, compris ?... Un sou près !

Elle hurlait tellement que la Turinoise, malgré que ça lui faisait plaisir, se réfugia dans sa chambre. Après, elle reparut dans l'entrée, fin prête, avec manteau et parapluie.

— Madame... dis-je.

Elle ne répondit pas et elle a rangé le sucre dans la crédence. Puis elle alla se préparer. Je me rassis sur mon lit de camp, et j'ai compté les carreaux, même que, bien sûr, je ne devais pas rester là à les compter, mais montrer à Madame ma bonne volonté, lui montrer que... Parce que, si on me mettait à la porte, qu'est-ce que je ferais ? Où je coucherais ? Où j'irais manger ?... Je continuais à regarder les carreaux et j'avais envie de pleurer, je pensais à des choses qui se mangent. Je comptais les rangées un moment, puis je me trompais, et je restais à en regarder une ou une autre.

Wanda en avait eu marre d'attendre dans l'entrée, elle revint à la cuisine. Elle avait l'air contente de ce malheur qui m'arrivait, de ce que Madame allait peut-être me mettre à la porte.

— Professeur, dit-elle, alors, tu te fais du mauvais sang ?

— Oh ! va te faire f... ! criai-je.

Elle éclata de rire et retourna dans le vestibule. Un moment après, je les entendis sortir les deux, elle et Madame. Je continuai à regarder par terre, puis je me rappelai et je courus dans l'escalier.

— Madame !

Elles étaient déjà en bas. Elles s'arrêtèrent.

— Qu'est-ce que c'est ?

— Aujourd'hui... pour les courses... qu'est-ce que je prends ?

— Rien du tout ! cria-t-elle. Les courses, tu ne les feras plus. Ce sera Gina. Toi, à partir d'aujourd'hui, tu peux aller te promener.

Je restai un moment immobile là, dans l'escalier, appuyé à la rampe. Puis je rentrai et je m'assis sur mon lit de camp.

Moi, ce qui me faisait enrager, c'est que, la veille, elle ne m'avait rien dit. Admettons que le provolone, bon, elle ne m'avait pas dit d'en acheter. Mais pourquoi, alors, elle s'en souvenait le lendemain ? On voyait bien alors que c'était qu'un prétexte pour me mettre à la porte. Mais elle pouvait, alors, le dire tout de suite, qu'elle me mettait à la porte, sans toute cette histoire de fromage. Écoute, il faut que tu t'en ailles. Elle pouvait dire, comme ça : Il faut que tu t'en ailles. Et, moi, je m'en allais. Non ? Non ou merde ? Je pleurais et je tournais en rond dans l'appartement, sans savoir quoi faire.

Après, j'entrai chez Gina, qui dormait encore. J'appelai :

— Gina !

— Hein ? Qu'est-ce qu'il y a ? Qu'est-ce que c'est ?

— On m'a mis à la porte !

— On t'a mis à la porte ?

— Oui. Madame. Elle m'a mis à la porte.

— Ah, je regrette.

Elle s'assit dans son lit, elle se frottait les yeux en regardant autour d'elle. Puis elle dit :

— Écoute, tu veux me mettre de l'eau à chauffer ?

— Comment ?... Ah oui. Tout de suite... Elle a dit

que, les courses, je devais plus les faire. Qu'à partir d'aujourd'hui je peux aller me promener. Autrement dit, elle me met à la porte, non ?

— Est-ce que je sais ? Pourquoi tu me demandes ça à moi ? Alors, tu me la chauffes, cette eau ? Ouvre la fenêtre, aussi... non, pas toute grande ; comme ça... oui.

J'allai mettre l'eau sur le feu ; quand je revins, elle se levait.

« Et ne te fais pas trop de mauvais sang ! Ce n'est pas dit qu'elle te mette à la porte. Ça lui passera, tu verras.

— Non ? Tu dis que ça n'est pas dit ? Hein ? Qu'est-ce que tu dis, toi ? Que non ?

— Non. Tu verras que non.

— Mais pourquoi ?

— Si je te dis que non ! Ce n'est pas dit du tout. Et moi, alors, le salaud que j'ai amené cette nuit, tu sais ce qu'il m'a fait ? T'es folle, qu'il m'a dit, tu avais dit deux mille. Ah, j'avais dit deux mille ? J'avais dit deux mille pour la chambre, oui. Tu vois le genre de salaud ? Mais je le lui ai dit, que...

— Moi aussi, je veux lui dire, à Madame, qu'elle peut pas me mettre à la porte comme ça ! Non ?

— Hein ? Ah oui, bien sûr...

Dans la chambre de Gina, ça ne puait pas, le matin, comme dans celle de Wanda. On était bien. Je me séchai les yeux et je m'assis, je regardais les cigarettes sur la table de nuit.

— Dis, t'aurais pas une cigarette ?

— Je t'en prie, sers-toi... On est tous des disgrachiés, voilà ce qu'on est.

— Oui.

Disgrâche. Disgrachiés. De temps en temps, j'avais de nouveau envie de pleurer, je toussais et je reniflais. Gina était allée chercher l'eau et, à présent, elle chantait sur le bidet. Florenche. Le réveil de la table de nuit, on l'entendait sur le marbre. Dix heures. Dix...

— Oh ! dis-je. Sais-tu ? Hier il y a eu un téléphone de Léa !

— Léa ? dit-elle sans se retourner. Celle qui était ici ?

— Oui. Léa. Elle a dit qu'elle voulait me voir aujourd'hui, à onze heures.

Elle se leva, et elle s'essuyait. Puis elle a mis sa culotte et son peignoir.

— Ah oui ? dit-elle. Et qu'est-ce qu'elle veut ?

— Je ne sais pas, elle n'a pas dit. Elle a dit que je devais être à San Giovanni à onze heures.

— Et tu iras ?

— Hein ? Mais non, je dois faire les chambres. Et puis...

— Vas-y. Va voir ce qu'elle veut. Les chambres, c'est moi qui les ferai.

— Toi ?

— Mais oui. De toute façon, si elle t'a mis à la porte, ce n'est plus à toi de les faire.

— Évidemment... Quoi ? Comment ? Alors, tu dis qu'elle m'a mis à la porte ? Hein ? Mais qu'est-ce que tu dis ? Tu m'avais dit...

— Oh ! là là ! cria-t-elle, quelle barbe ! Qu'est-ce que j'en sais, moi ? Est-ce que c'est possible d'être aussi barbant ! Maintenant, sors, je dois m'habiller. Allez, allez ! Ne me fais pas perdre patience !

Je sortis en courant et j'ai claqué la porte, hurlant

de rage et maudissant Gina. J'ai descendu l'escalier en courant.

Mais ensuite, dans la rue, j'ai marché lentement, en grommelant et en pleurant. J'allais vers la gare, des gamins me suivaient.

II

Léa avait dit à Porta San Giovanni, mais je ne me rappelais plus exactement où. Peut-être à la station du tram, ou au kiosque à boissons. Alors, je suis resté près du kiosque et j'ai regardé du côté des trams. De temps en temps, j'ai regardé aussi le type du kiosque qui regardait le journal, appuyé au comptoir.

— Vous auriez pas l'heure ? dis-je.

— Non.

— Passé onze heures ?

Il ne répondit pas et se mit à regarder son journal. Léa n'arrivait pas. De temps en temps, il pleuvait un peu. J'allai à la station du tram, et je revins au kiosque ; je demandai l'heure à un autre type.

— Professeur ! cria Léa.

Elle venait des jardins, en me faisant signe de la main.

« Comment vas-tu, Professeur ? Je suis contente de te revoir. Et Madame, comment elle va ? Comment va Madame ?

— Elle m'a mis à la porte, dis-je. On m'a mis à la porte. Ce matin. Elle dit que le fromage, j'aurais pas dû l'acheter, et que je lui cassais des tasses. Mais le fromage, c'est bien elle qui me l'avait dit, d'en acheter. Je me souviens qu'elle a dit : du pain, des pâtes, du fromage et des œufs. Je m'en souviens pas, peut-être ? Je me souviens même qu'elle a dit exactement : le fromage, tu le prendras chez Pietrangeli...

— Écoute, ne restons pas en plein passage, allons dans un café. Tu me raconteras après. Je t'ai fait venir pour que tu me rendes un service.

Nous avons traversé la place et nous nous sommes assis dans un café de l'autre côté. Léa a commandé du vermouth et des gâteaux.

— Je t'en prie, dit-elle, sers-toi.

« Tu veux une cigarette ? dit-elle ensuite. Je t'en prie.

Cette Léa, chez nous, avait été seulement pensionnaire, vu qu'elle travaillait en fait dans un cabaret. Après, elle était partie avec une autre qui était aussi chez nous, Gina disait que c'était parce qu'elles étaient ensemble.

— Dis, tu te souviens de la Marquise ?

— L'autre qui était chez nous ?

— Oui, la jolie, celle qu'on appelait la Marquise. Tu te souviens ?

— Oui, une maigre.

— Pas si maigre que ça. Du tout.

— Non ? Je ne sais pas, je me souviens pas bien. Pourquoi ?

— Parce que voilà : comme elle et moi... Comme cette Marquise et moi, enfin...

— Ah oui. Gina m'a dit.

— Gina ? cria-t-elle. Mais qu'est-ce qu'elle en sait, Gina !

— Ah non ? je croyais.

— Non. Comme, donc, nous étions installées

ensemble, du fait que ces derniers temps je travaillais beaucoup à Rome... Tu m'écoutes ?

— Je pense bien.

— Bon. Mais comme cet été, à Ostie, l'occasion s'est présentée pour moi de quelqu'un qui...

Il était resté un chou que je regardais de temps en temps, sous la cloche ; seulement, si je le prenais, ça n'aurait peut-être pas bonne façon. Je soulevais la cloche, je la reposais, pendant qu'elle, elle continuait à parler.

« De sorte que moi, alors, je lui ai dit tout de suite : Écoute, ma chérie, il ne faut pas que tu t'en fasses, seulement voilà...

Il y avait peut-être de la crème, dedans. Ou du sabayon. Quand ils sont caramélisés dessus, dedans c'est qu'il y a de la crème, ou du sabayon.

« C'est que, d'accord... dit Léa ; mais tu comprends toi aussi qu'à un moment donné, dans la vie, chacun doit suivre son chemin...

— Ah, dis-je, bien sûr.

— Mais, ça, elle aussi aurait dû comprendre, non ?

— Bien sûr.

— Et remarque que je lui avais dit, qu'elle devait pas s'en faire ! Je lui avais dit ! Et voilà qu'elle...

Après tout, je m'en fichais pas mal, que ça ait mauvaise façon. Et elle, après tout, qu'est-ce que ça pouvait lui faire ?

— Excuse-moi, tu le voulais, ce chou ?

Mais elle, tout à coup, elle avait les bras sur la table et elle pleurait, la tête dans ses bras. Elle agitait la tête de-ci de-là.

— Oh ! là là ! pleurait-elle. Oh ! là là là là !

Je reposai la cloche, j'ai levé la main.

— Mais qu'est-ce qu'il y a ? Qu'est-ce qui s'est passé ?

— Elle s'est tiré dessus ! Voilà !

— Aïe ! dis-je, mince alors ! Il ne manquait plus que ça.

Le chou, à présent, mieux valait laisser tomber. Alors, j'ai entendu comme quoi l'autre, à présent, était en observation à San Giovanni, tandis que Léa, elle, de toute façon à présent devait partir, étant donné cette occasion de suivre son chemin. Alors, comme apparemment les sœurs ne la laissaient pas entrer, sinon elle y serait allée elle-même, eh bien, elle demandait si j'irais moi.

— Tu lui diras que, les clefs, je les ai laissées dans le petit tiroir, et que j'ai laissé aussi ma valise que je ferai prendre dans un second temps. Compris ?

— Oui.

Il s'était remis à pleuvoir. Sur le seuil, quelqu'un répandait de la sciure par terre.

— Mais surtout, tu dois lui dire qu'elle ne s'en fasse pas et aussi que, quand elle sortira, c'est pas la peine qu'elle écrive ou rien. Elle doit comprendre...

Non, il ne savait pas y faire. Au lieu de la verser de façon que tout soit recouvert proprement, il faisait qu'à certains endroits il y en avait trop, à d'autres pas assez. Avec ça, d'accord, du moment que les gens marchent dessus, il finit bien par y en avoir partout.

— Évidemment.

— Quoi ? dit-elle.

— Pardon. Qu'est-ce que tu disais ?

— Je disais... Enfin, bon : tu iras ?

— Où ça ?

Elle m'a regardé un moment bouche bée. Puis elle

a pris son paquet de cigarettes, et, même qu'il y en avait peut-être encore deux ou trois dedans, elle l'a déchiré en mille morceaux, elle l'a jeté par terre.

— Oh ! là là ! cria-t-elle.

« Garçon ! L'addition.

Elle a refermé son sac et elle s'est levée. Je me suis levé aussi.

— Non, dis-je, excuse-moi, d'accord, j'ai compris. C'était seulement... Mais moi, est-ce qu'ils vont me laisser entrer ?

— Comment, ils ne te laisseraient pas entrer ? Je t'accompagne. Tu n'auras qu'à dire que tu es un cousin.

Mais ensuite, là-bas, apparemment qu'on ne pouvait pas entrer, vu que ce n'était pas les heures. Léa dut donner cinq cents lires à un type.

— Alors, vous l'accompagnez ?

Je m'étais mis à regarder des pierres écrites encastrées dans le mur du vestibule, mais elles étaient si abîmées qu'on ne comprenait pas ce que c'était.

— Est-ce que c'est ancien ? dis-je.

— Quoi ? fit Léa.

— Je veux dire, de la Rome antique ?

— Écoute : c'est lui qui t'accompagne, à présent. Tu te rappelles bien ce que je t'ai dit ?

— Oui. Les clefs.

— Les clefs dans le petit tiroir, la valise que je ferai prendre dans un second temps, et que c'est pas la peine, quand elle sortira, qu'elle écrive ou rien, parce que...

— Alors, jeune homme, on y va ? dit l'autre.

— Alors, ciao. N'oublie rien.

— Oui. Et merci, hein ? Ciao.

Je suivis l'infirmier en comptant l'argent qu'elle m'avait donné.

— Mince ! dis-je, on a gagné sa journée !

— Parle pas si fort, dit l'infirmier.

Nous sommes arrivés dans un endroit où c'était marqué sur la porte « Hospitalisation », où on voyait tout des lits alignés de chaque côté, mais, un ou deux, ils les avaient tirés au milieu pour nettoyer dessous. Devant la porte aussi, il y avait une femme avec un seau, en train de laver.

— Attention, dit l'autre, à ne pas rester longtemps, ce n'est pas les heures de visite. Et ne va pas dire à la sœur que c'est moi qui t'ai fait entrer.

Il me montra le lit de la Marquise, qui était un de ceux où on devait avoir déjà nettoyé dessous, parce qu'il était repoussé contre le mur. Le lit à côté, par contre, ils l'avaient tiré au beau milieu, avec dessus une femme en chemise de nuit qui buvait son lait.

— Oh ! dit celle qui buvait son lait en me voyant. Vous venez de la part de ma nièce ?

— De qui ?

— Ah non ; je croyais que vous veniez de la part de ma nièce.

Elle se pencha hors du lit pour poser la tasse sur la table de nuit, pendant qu'on repoussait le lit contre le mur ; après, elle se glissa sous les couvertures. La Marquise, par contre, était assise, avec plein de coussins dans le dos.

— Ciao, dis-je.

« Je viens de la part de Léa. J'étais à la pension de la Via Sallustiana, je sais pas si tu te souviens.

Elle n'avait pas l'air de se souvenir. Elle me regardait sans répondre.

« Elle dit que, les clefs, elle les a laissées dans le petit tiroir, et que, quand tu sortiras...

Celle de l'autre lit s'était rassise et me tirait par la manche.

— Elle ne vous entend pas. On lui a fait la morphine.

— Ah ?

— Eh oui, rapport à sa côte. Vu qu'on lui a constaté une fracture multiple...

— Mince alors ! il manquait plus que ça.

— Et encore, il paraît que c'est un miracle qu'il ne soit pas survenu de complication pulmonaire ! Vous savez ce que c'est. Moi, j'ai déjà été opérée trois fois. Celle-ci est la quatrième.

— Mince alors !

Une sœur entra, elle a enlevé la tasse sur la table de nuit. Après, apparemment que cette table de nuit était mal mise, parce que la sœur est restée là un bon moment pour la ranger mieux contre le mur. Elle a donné aussi un coup de chiffon à la carafe. Elle a fini par s'en aller.

— Et vous, vous êtes de Rome ? dit l'opérée.

— Moi ? Oui.

— Quand vous êtes entré, j'ai cru que vous veniez de la part de ma nièce !

— Non. J'habite une pension de la Via Sallustiana.

— Ah, la Via Sallustiana ?

— Oui. Enfin, j'y habitais, plutôt, parce qu'ils m'ont mis à la porte.

— Non. Vraiment ?

— Eh oui.

Je pris une chaise qui était à côté du lit de la Marquise et je la rapprochai. Je m'assis.

« C'est que moi, dans cette pension, je rendais des services. Et voilà que, ce matin, elle prend prétexte que... Il faut vous dire qu'avant, hier donc, elle m'avait dit ce qu'il fallait prendre pour les courses, et le fromage aussi, elle avait dit. Si elle me l'avait pas dit, je ne serais pas allé en acheter de moi-même, ou quoi ?

— Parbleu !

— Eh bien ! voilà que ce matin...

— Dites donc, dit la sœur, vous, là, vous avez une autorisation ? Ce n'est pas les heures de visite.

Je me levai la bouche ouverte, parce que, juste à ce moment-là, je m'étais rappelé qu'elle avait dit : Fais bien attention à le choisir frais, et pas tout sec comme l'autre fois. La sœur, je ne l'avais même pas entendue approcher.

— Pourquoi ? dis-je. Je dérange quelqu'un ?

— Vous dérangez tout le monde. Ce n'est pas les heures de visite.

Je reposai la chaise à côté du lit de la Marquise. Elle est restée un moment à me regarder.

— C'est un parent à vous ? demanda la sœur à l'opérée.

— A moi ? Mais personne ne le connaît ! J'allais justement lui dire que ce n'était pas les heures de visite. Eh, vous ! ce n'est pas les heures de visite !

— Mais qui cherchez-vous, enfin ? Que voulez-vous ?

— Mais j'ai une commission à faire à celle-ci ! criai-je.

La sœur regarda la Marquise, qui n'avait pas bougé

une seule fois, puis elle m'a regardé de nouveau un moment. Puis elle me prit par le bras, elle m'a accompagné dehors.

— Mancinelli ! cria-t-elle.

— Mais, dis-je, je suis son cousin.

— Mancinelli, sortez-moi ce type. Et tâchez de savoir qui l'a fait entrer, ou je fais un rapport à vos dépens.

Mancinelli m'accompagna jusqu'à la sortie et me dit de revenir l'après-midi, en dehors des heures on ne pouvait pas entrer. Puis, il a dit à celui qui m'avait fait entrer, et qui parlait avec une femme avec un œil tout blanc, de faire attention, parce que la sœur s'était mise en colère.

— Moi qui lui avais dit de ne pas traîner, à ce con-là ! a-t-il crié.

La femme à l'œil tout blanc tourna la tête et elle m'a regardé. Puis elle se remit à causer avec les deux autres.

III

Gina vint m'ouvrir, la serviette à la main.

— Mais tu n'as pas la clef ?

On entendait Wanda et Madame qui causaient dans la cuisine.

— Gina, dis-je, sais-tu si… ?

J'étais resté sur le seuil, sans entrer.

— Allons, viens, dit-elle en gagnant la cuisine. Nous avons presque fini.

— Mais… sais-tu si… ?

J'entrai, en restant le dos au mur.

— Pas du tout ! disait Wanda, moi aussi je l'avais dit tout de suite, je ne sais pas si vous vous rappelez : Faisons l'analyse !

— Eh bien, grâce à Dieu, dit Gina en se remettant à table.

— Oh ! Professeur, dit Madame, dépêche-toi de manger, il y a une commission pour toi.

— Mais alors…

— Dépêche-toi, dit Gina tout bas, recommence pas à l'énerver.

J'allai chercher la soupe et je m'assis, j'ai commencé à manger. Mais ensuite, tout à coup, je n'ai plus eu envie. Je suis resté à regarder mon assiette à moitié pleine, avec la cuillère dedans.

— Qu'est-ce qu'il y a, Professeur, dit Gina, tu te sens mal ?

— Hein ?... Non.

— Tu ne veux pas d'omelette ?

— Non, peut-être ce soir. A présent, alors...

— Alors, écoute, dit Madame. La vaisselle, tu la feras ce soir. A présent, il faut que tu ailles chez celle de la Via Farini. Tu vois qui ?

— Oui, Via Farini.

— Oui. Alors, tu lui dis que, les filles, je peux les lui envoyer tout de suite, toutes les deux. Le temps qu'elles s'habillent. Mais qu'elle me les renvoie assez tôt, pour le dîner, parce qu'il y a du travail ici aussitôt après. Vu ?

« Il faut que tu te dépêches, parce qu'elle voulait être fixée avant deux heures. Et après, tâche de ne pas traîner : à six heures, je dois aller chez le pédicure et il n'y aura personne ici, s'il vient quelqu'un pour la chambre.

— Moi aussi, dit Wanda, lundi, je veux aller chez le pédicure.

Quand je sortis, Gina me suivit dans l'escalier.

— Alors, tu as vu Léa ?

— Hein ?... Ah oui.

— Et qu'est-ce qu'elle voulait ?

— Rien, une commission. Je te dirai ce soir.

Au bas de l'escalier, de nouveau, je ne me sentais pas trop bien, mais ensuite ça m'a passé. Sauf que je ne savais plus bien où j'étais. A la gare, je me suis trompé, j'ai pris la Via Marsala, et j'ai dû refaire tout le tour jusqu'à la Via Giolitti.

— Bon... dis-je, encore heureux.

Parce que ça lui avait passé, apparemment, et

c'était pas vrai qu'elle allait me mettre à la porte. Parce que, elle non plus, ça ne l'arrangeait pas, tu penses !

« En somme, encore heureux que ça ait fini comme ça.

Je suis monté jusqu'à cette pension de la Via Farini.

— Bonjour. On m'envoie de la pension de la Via Sallustiana. On vous fait dire que...

— Ah oui. Tante, c'est le type de la Via Sallustiana... cria-t-elle.

— Entrez, entrez, dit la tante, de la salle à manger.

Elles étaient encore à table.

« Alors, qu'a-t-elle dit ? Elle les envoie ?

— Bonjour. Oui, elle dit qu'elle les envoie tout de suite, mais que, ce soir, elles doivent rentrer tôt.

— Soyez tranquille... Alors, écoute, Piera : descends téléphoner que c'est entendu... Vous prenez quelque chose ?

— Merci. J'ai mangé.

— Ah ! Piera, cria-t-elle, attends : ne va pas en dessous. Descends au bistrot... Vous ne prenez vraiment rien ?

— Merci. J'ai mangé.

— Alors, attendez un moment, vous prendrez le café. Et toi, tiens-toi tranquille ! cria-t-elle à la cadette de ses nièces qui sautait à cloche-pied autour de la table. Je vous en prie, asseyez-vous.

— Merci.

Puis elle a encore crié contre la petite fille, parce qu'elle réclamait du café.

— Non ! dis-je à la petite. Ça te ferait du mal.

— Du mal mon cul.

— Hou ! a crié la tante.

Dans l'escalier, ensuite, j'ai croisé l'autre qui revenait du bistrot.

— Tâte donc un peu ça, dis-je, ça te fait mal ?

— Hein ? Oh, le s... ! Dégage ! Non, mais, quel vieux salaud ! tu me dégoûtes !

Je restai là, contre la rampe, puis je me remis à descendre. Je l'entendis encore qui criait :

« Tante ! Non, mais, tu as vu, celui-là ?

— Ça alors ! criai-je d'en bas.

Je suis sorti et j'ai continué dans la Via Farini en les envoyant toutes au diable. Piazza Vittorio, je m'arrêtai : en fait, je devais prendre la Via Merulana. Je me retournai.

— Les enfants ! criai-je. Filez ! ou je vous étrille !

— Poil aux quilles ! crièrent-ils en se sauvant.

Quand j'arrivai à San Giovanni, c'était encore fermé. Je pris la file avec les autres.

— Mais où est-elle passée ? dis-je. Elle n'est tout de même pas...

C'est qu'elle n'était plus là : ils avaient même enlevé les draps, la couverture, et roulé le matelas.

« Pardon, dis-je à sa voisine de lit, vous savez pas... ?

La voisine de lit, sa nièce était venue et lui avait apporté du raisin ; elles étaient en train d'en manger. Elle ne répondit pas. Survint la sœur qui m'avait mis à la porte le matin.

— Chirurgie A, dit-elle.

— Ah, merci. Mais... comment ça se fait-il ?

— Ici, c'est l'hospitalisation. A présent, elle est en chirurgie A, division Giannantonio.

— Ah, merci.

Après, j'ai tourné une bonne heure pour trouver cette division, où le nom n'était même pas écrit dessus, avec ça que je devais regarder par moi-même si elle y était, vu que je savais pas son nom. Mieux que ça : comme il y en avait une dans un lit avec les cheveux teints pareil qui pleurait dans son mouchoir, je suis allé d'abord vers celle-là, mais ce n'était pas elle. Après, j'ai fini par la trouver elle, qui pleurait aussi.

— Marquise ?

Elle était assise dans son lit comme le matin, sauf qu'elle se tenait la tête dans les mains et s'agitait.

Je vis qu'il n'y avait pas de chaise et je me suis assis sur le lit à côté, vu qu'il n'y avait personne. J'ai attendu qu'elle se calme. Sur ce même lit, il y en avait trois qui étaient assis de l'autre côté, apparemment que c'était eux qui avaient pris la chaise pour l'autre lit de l'autre côté, mais ça ne suffisait pas encore, vu qu'entre ceux qui étaient assis sur le lit et ceux sur les chaises, autour de la femme de l'autre lit, ils étaient au moins sept ou huit.

— Ça alors ! dis-je. On vous enlève même les chaises, ici, à présent !

Mais, eux, ils parlaient tous à la fois, tellement qu'ils ne m'entendaient même pas. Et l'autre qui continuait à s'agiter. J'étais assis sur le lit, et je regardais par terre. Je regardais mes souliers percés. Mes chaussettes aussi, malgré que je les avais achetées tout récemment, étaient fichues, et pourtant je leur avais bien dit, au magasin, que je voulais bien payer un peu plus pourvu que ce soit de la bonne qualité, ah oui ! Non, décidément, ici, ça vaut pas la peine de s'éreinter à bien faire. De toute façon, après, c'est du pareil au même. Merde non. Merde.

— Merde, merde, pleurais-je.

— Professeur ? dit la Marquise.

Elle a attendu que je me calme.

« C'est passé ?

— Excuse-moi, dis-je. Oui. Moi, je suis le type de la Via Sallustiana, je ne sais pas si tu te souviens.

— Je me souviens. Comment vas-tu ?

— Ma foi, comme ça. Et toi ?

— Ma foi.

Elle se mit à rire.

Puis elle a crié, parce que rire lui faisait mal.

— Oh ! criai-je, qu'est-ce qu'il y a ? Ça te fait mal ?

Ceux qui étaient assis de l'autre côté se sont retournés.

« C'est qu'elle a une fracture multiple, dis-je. Même que ce matin on lui a fait la morphine !

— Mince alors ! dirent-ils.

— Professeur, dit la Marquise.

— Oui ?

— Viens, assieds-toi ici. Écoute.

— Oui.

— Tu viens de la part de Léa ?

— Oui, je suis même venu ce matin, mais on m'a mis à la porte. Et toi, on t'avait fait la morphine. Tu vas mieux, à présent ?

— Beaucoup mieux, oui.

— Ah, c'est pas dommage... Non, comme tu pleurais quand je suis arrivé... Mais alors, c'était pourquoi ? Tu t'en faisais de nouveau ?

Elle n'a pas répondu, apparemment qu'elle s'en faisait de nouveau.

— Mais non, voyons ! Léa a dit que tu dois pas t'en faire.

— Ah non ?

— Non.

— Pourquoi ?

— Si je te dis que non ! Parce qu'elle a dit que, d'abord, elle te l'avait dit tout de suite, de ne pas t'en faire, et, ensuite, parce qu'à présent elle est partie, vu qu'elle avait eu cette occasion. Elle a dit aussi que, quand tu sortiras, tu ne dois pas essayer d'écrire ou rien, que c'est pas la peine. Tu as compris ?

Mais elle ne semblait pas avoir compris. Elle avait détourné la tête, et regardait de l'autre côté. Elle se couvrait la figure de la main.

— Oh ! là là ! criai-je. Mais alors, c'est que tu tiens vraiment à t'en faire ! Léa a dit...

— Mais je m'en fiche, de Léa ! cria-t-elle. Je m'en fiche ! Ce n'est pas pour Léa !

Elle recommençait à s'agiter. Moi, j'étais là à ne pas savoir quoi faire. Peut-être il valait mieux que je m'en aille. Et puis la sœur aux thermomètres était venue. Elle a pris la Marquise par le bras, elle l'a remontée dans son lit, elle lui a mis le thermomètre, pendant que l'autre continuait à pleurer.

— Allons, allons, courage !

— Tu entends, dis-je, ce que dit la sœur ? Allons, allons !

— Mais... va-t'en, dit la Marquise quand la sœur fut sortie. Je t'en prie, Professeur, va-t'en !

Ensuite, elle m'a regardé, je m'étais levé pour partir, elle m'a pris la main, elle m'a fait rasseoir.

« Attends. Excuse-moi.

— Pas de quoi.

Mais je restai debout, le visage détourné, en arrangeant mon foulard autour du cou. La Marquise a continué de me tirer par la main.

— Excuse-moi. Ce n'est pas à toi que j'en veux.

— Ah, pas dommage ! C'est qu'ici, en fait, on dirait que tout est de ma faute !

J'arrangeai sa couverture, qui avait glissé. Je me rassis.

« Parce que, moi, je t'ai rien fait.

— Non.

On est venu relever la température. Puis quelqu'un d'autre est venu qui reprenait les tasses et qui les mettait sur un chariot qu'un autre poussait au milieu du couloir. Non, il ne s'y prenait pas bien, parce que, au lieu de le garder au milieu, souvent il allait tout de travers. Ainsi, plus d'une fois, il heurtait les pieds des lits, et on voyait qu'ils étaient tout écaillés.

— Ah ! là là ! dis-je, tu l'as vu, celui-là ! Et après, si les lits sont écaillés, on dit que c'est le patient.

— Comment ?

— Non, c'est que souvent, après, on dit que c'est le patient.

— Et comment !

Elle rit.

Elle a redressé les coussins, repoussé ses cheveux en arrière.

« Mais ne me fais pas rire, ça me fait mal !

Ensuite, elle m'a dit de lui prendre un petit sac qui était dans un autre plus grand, sur la table de nuit.

« Celui-là, oui. Merci.

— Quand je suis venu, il y en avait une dans un lit

de l'autre côté, les cheveux teints pareil, j'ai cru que c'était toi.

Elle leva les yeux de sa glace et m'a regardé bouche bée, le bras en l'air et le peigne à la main.

— Quoi ? fit-elle.

— Quoi ? Qu'est-ce que j'ai dit ?

« Eh, non ! criai-je. Non ! Je n'ai pas voulu dire que les tiens sont teints aussi ! Je t'assure !

— Professeur, dit-elle, je vais t'assommer.

Après, apparemment qu'elle pouvait rire aussi sans que ça lui fasse mal. Elle a fini de se coiffer. Elle a remis le peigne dans son sac.

Mais ensuite, de nouveau, elle a eu l'air tout drôle et elle n'a plus rien dit. Elle est restée à regarder ce peigne qu'elle avait remis dans son sac. Elle a regardé aussi plus au fond, comme si elle cherchait quelque chose plus au fond. Mais après, en fait, apparemment qu'elle ne cherchait rien du tout, parce qu'elle l'avait refermé et le regardait du dehors. Elle l'a même retourné pour regarder de l'autre côté.

— Tu regardes s'ils te l'ont abîmé ? C'est que bien souvent, de la façon dont ils rangent tes choses ici, même la bonne qualité ça s'abîme.

— Non, je regardais comme ça.

« Et puis, ce n'est peut-être même pas de la bonne qualité, non ?

Je le lui ai pris pour regarder. Mais, parce qu'il était plus tard et que derrière les grandes fenêtres la pluie tombait de nouveau, on y voyait mal. On entendait aussi la sonnerie, parce que c'était la fin de la visite.

— Il y a longtemps que tu l'as ?

— Non. Pas longtemps.

— C'est que souvent, surtout les articles qu'on fait maintenant, ça se voit seulement à l'usage. Moi, dernièrement...

Elle m'a pris la main comme si elle voulait ravoir son sac. Et, ensuite, elle ne l'a pas pris, elle a continué à me tenir la main.

Ceux de l'autre lit s'étaient tous levés et faisaient leurs adieux. Ils partaient. D'autres venaient aussi dans le couloir, avec une sœur qui marchait derrière pour les faire sortir. La sonnerie a continué à sonner, puis n'a plus sonné.

— Bon, dis-je, alors... Comment ?

— Je demandais si tu reviendrais.

— Ah. Mais oui, comment non ?... Ah, et puis...

Parce que je m'étais souvenu, en remettant le petit sac dans l'autre, que j'avais oublié l'histoire des clefs et de la valise.

— Demain ? dit-elle.

— Oui. Et puis...

— Hé, jeune homme ! dit la sœur en s'approchant, mais vous êtes encore là ? C'est l'heure.

— Je voulais lui dire...

— Vous le lui direz demain. C'est l'heure, à présent.

IV

Le lendemain, en fait, j'avais oublié de nouveau. Aussi parce que, après les courses, j'avais dû aller Via Cernaia, chez un type qui m'avait fait dire la veille par Pietrangeli que je passe le voir le matin.

C'était un type que, avant, je faisais des tournées pour lui avec la charrette de Javel, mais, ensuite, apparemment que ça n'avait plus marché, vu que la plupart des gens, à présent, au lieu des fiasques à domicile, la prenaient en petites doses chez le détaillant. Mais comme le type, à présent, avec ces charrettes, faisait aussi d'autres transports, il voulait savoir si je pourrais lui faire éventuellement une tournée régulière tous les après-midi jusque chez un autre ferrailleur, derrière la Piazza Bologna. Mais ce n'était pas encore sûr. On en était donc restés qu'éventuellement je la lui ferais, et qu'en ce cas il me ferait signe.

Après, j'étais allé taper les matelas de la femme de la pension du dessus, parce que je lui tapais ses matelas tous les dimanches, de sorte qu'après j'étais rentré tard, Madame faisait déjà les chambres.

Après, au déjeuner, Gina a voulu savoir si, après le déjeuner, je l'accompagnerais à Tivoli chez des clients où je l'avais déjà accompagnée une autre fois.

— Mais n'avaient-ils pas dit qu'à présent ils te paieraient le taxi ? dit Madame.

— Le taxi, moi, dit Gina, je l'ai compté dans le prix ; mais, en somme, du moment qu'il y a l'autobus...

Comme ça, elle prenait le bus qui partait de la Via Gaeta ; mais ensuite, à partir de San Lorenzo, montaient les types de la banlieue, et elle disait qu'ils l'embêtaient. Alors, la dernière fois, je l'avais accompagnée jusqu'à l'endroit où ces gens habitaient, pas exactement Tivoli mais une station après Ponte Lucano, près de la Villa Adriana, si bien que, moi, j'étais allé la voir, cette Villa, pendant qu'elle était chez ces gens étant convenu que je l'attendais à la station.

— Il suffit qu'on prenne celui de quatre heures, dit Gina. Pour rentrer, tu m'attendras à celui de sept heures et quelques, comme l'autre fois.

— Alors, je vais peut-être commencer la vaisselle. Sinon, pour finir, on sera en retard.

— Mais alors, tu ne vas pas la voir ? dit Madame.

— Qui ça ? Oh ! là là ! bien sûr ! A présent, avec tout ce tintouin, j'avais oublié. Mais alors, la vaisselle...

— La vaisselle, elles la feront. Toi, tu vas voir comment l'autre va, et tu lui dis ce que je t'ai dit hier soir.

— D'accord. Alors, on se retrouve à quatre heures directement Via Gaeta ? dis-je à Gina.

Après, j'ai filé en vitesse ; parce que les autres, évidemment, la vaisselle, ça les amusait pas, et alors peut-être qu'elles s'en prendraient à moi, surtout Wanda qui n'était pas là la veille quand Madame m'avait dit de lui demander, à la Marquise, si, à sa sortie, elle reviendrait chez nous, mais Gina avait dû le lui dire après, si bien qu'à présent elle avait dans l'idée — et peut-être elle n'avait pas tort — que Madame voulait savoir si la Marquise reviendrait parce qu'elle avait toujours dans l'idée de la renvoyer elle, Wanda. Et puis, si je voulais être Via Gaeta à quatre heures, il fallait que je me dépêche. Je suis allé prendre le 16 au ministère des Finances.

Dans le 16, il y en avait aussi pas mal d'autres visiblement qui allaient aussi à San Giovanni, vu que beaucoup apportaient des fruits pour leurs parents.

— Mais alors, demandai-je à une femme avec son fils qui portaient un cornet de raisins un autre de noix et encore un joli paquet où c'était écrit dessus « Pâtisserie fine Alpino », on peut aussi apporter de la pâtisserie ?

« Parce que moi, au contraire, je croyais que, peut-être, on pouvait apporter que du raisin !

— Votre cigarette, dit le receveur.

— Oh, pardon.

« C'est que je croyais que les sœurs font des remarques.

J'ai compté la monnaie. J'ai regardé mon billet. Après, j'ai vu que ma cigarette, par terre, était mal éteinte, parce qu'elle avait glissé dans les rainures qu'il y a par terre dans les trams, entre ces baguettes clouées qui font comme une cannelure. J'ai regardé entre ces baguettes ma cigarette qui fumait encore, et on a revu même la braise un moment, sur le fond noir de la rainure.

Plus loin, il y avait de vieux billets, un papier de caramel, des allumettes usées, d'autres choses qu'on ne voyait pas ce que c'était. Aux allumettes, on voyait que d'autres voyageurs avaient fumé malgré qu'on ne doit pas fumer, ou bien on n'avait jamais sérieusement balayé dans ces rainures depuis le temps où, dans la remorque, ce n'était pas encore défendu.

Tout de même ! Comme si c'était pas possible, après tout, qu'on puisse apporter que des fruits cuits ou du raisin, bande d'enfoirés ! Je me levai et je suis allé sur la plate-forme. Aussi parce que, après la gare, beaucoup de gens montaient, tellement que à San Giovanni, on n'arrivait plus à sortir.

— Une qui était à la division Giannantonio. Qui s'était tiré dessus.

— Ah oui, voyez là.

— Merci. Ici ? Merci... On peut entrer ?

« Oh ! criai-je, ciao ! Bravo !

C'est qu'elle était assise dans son lit, toute bien attifée, et même elle lisait le journal.

— Ciao, dit-elle à voix basse. Tu es gentil. Tu t'es souvenu.

Elle m'a donné la main. Elle m'a fait asseoir.

— Mais comment ça se fait qu'on te change de chambre tout le temps ? Moi, maintenant, j'étais retourné à la division Giannantonio !

— C'est moi qui ai demandé à changer. C'est plus calme, ici. Non ?

J'ai vu que c'était plus calme. Parce qu'il n'y avait là que quatre lits, et deux autres seulement étaient occupés, par deux autres femmes, qui dormaient.

— Mais ça doit coûter un bon peu ?

— Ma foi. De toute façon, ce n'est pas pour longtemps. Jeudi déjà on m'enlève les points.

— Ah, quelle chance ! m'écriai-je. Et après, tu rentres chez toi ?

« Oh, excuse.

J'avais réveillé les autres, peut-être. Je me retournai : non, apparemment pas. Mais elle, à présent, apparemment qu'elle était de nouveau triste, tout à coup.

« Pourquoi ? Tu rentres pas chez toi ?

— Oui, dit-elle si bas qu'on entendait à peine. Je rentre chez moi.

Puis elle ne dit plus rien.

— Ah... dis-je. Excuse-moi.

« Mais, bon Dieu ! il faut pas se laisser aller comme ça, voyons !

— La pauvre, dit une autre qui s'était donc réveillée, elle est toujours tout en bas. Il faut se remonter, au contraire.

— Eh, dis-je, c'est ce que je lui disais aussi.

L'autre, après, a arrangé ses couvertures, et s'est rendormie. La Marquise cherchait son mouchoir.

« Tiens, dis-je, il est propre.

Elle s'est séché les yeux, puis elle l'a regardé.

— Oh ! là là ! que de trous !

Je me mis à rire. Puis je dis :

— Écoute, excuse-moi, mais c'est qu'après je risque encore d'oublier. Madame a demandé comme ça... Madame, tu vois ?

— Oui.

— Bon. Elle a demandé comme ça si, à ta sortie, tu voulais revenir chez nous.

— Ah.

— Quoi ? Tu es fâchée ?

— Non. Pourquoi ?

— Oh ! et puis autre chose, excuse...

— Oui ?

— Hier, j'avais oublié de te dire que l'autre avait dit qu'elle avait laissé les clefs dans le tiroir, et que, la valise, elle la ferait prendre dans un second temps.

— Ah oui... Très bien.

On voyait, au contraire, que c'était pas si bien que ça, parce qu'elle avait l'air toute malheureuse. Mais, après, apparemment que ça lui a passé aussi.

« Très bien, dit-elle.

— Alors, à part ça, tu voulais que je te fasse une commission ?

Elle m'a rendu le mouchoir.

— Une commission ?

— Non, mais comme hier tu m'avais dit de revenir, je pensais...

Après, j'ai voulu me lever, il devait être tard, à présent.

« Alors, à présent, peut-être...

Mais elle me regardait comme si je lui avais fait quelque chose.

Puis elle a pris son grand sac, qu'elle avait à présent sur une chaise à côté du lit, et elle a regardé dedans. Elle a sorti son porte-monnaie.

— Alors, peut-être que oui, écoute. Tu me prendrais pas le dernier Perry Mason, si tu le trouves ?

— Le quoi ?... Ah oui. Quand tu étais chez nous, aussi, je me souviens que tu lisais toujours ça !

— Bravo, tu t'en souviens ! Et puis, s'il te plaît, deux cents grammes de bonbons.

— Des fourrés au chocolat ? Des Moretto ?

— Oui, dit-elle en riant.

Elle a pris l'argent dans le porte-monnaie.

« Mais, moi, je t'avais dit de revenir me voir. Pas pour les commissions.

— Non. Mais pourquoi, alors ?

— Pourquoi ?

Elle ne répondait pas.

« Mais parce que, non ? dit-elle ensuite. Parce que je suis seule. Pour me tenir compagnie. Pour me tenir compagnie parce que je suis seule, non ?

— Mais...

Ensuite, on est restés sans que je dise plus rien moi non plus. Je suis resté à regarder les autres chaussettes que j'avais mises aujourd'hui. Malgré que je les avais achetées avant, elles étaient moins abîmées que celles que j'avais prises après. On entendait les deux autres qui dormaient. Dans le corridor, on entendait quelqu'un qui disait que Non, mieux valait que sa belle-sœur fasse venir son médecin traitant. Vu que la malade aurait plus confiance en lui.

« Mais moi... dis-je, excuse, mais quelle espèce de compagnie je suis, moi ?

J'allai avec Gina jusque là où habitaient ces clients, c'est-à-dire peu après la station, puis je revins en arrière. Je suis resté un moment à la station à regarder le ciel, qui était couvert, et je ne savais pas si j'allais m'asseoir dans un café qui était là en face ou si je retournerais à cette Villa Adriana, du moment que l'autre fois j'étais resté tout le temps près de l'entrée de peur qu'après je risque d'être en retard.

Après, apparemment que le ciel était moins couvert, on voyait que du côté de Rome il y avait des éclaircies. Je me suis mis à suivre l'allée qui menait à l'entrée.

A l'entrée, il y avait des demoiselles qui vendaient du savon, et un type qui m'a demandé où j'allais.

— Pourquoi ? Il faut un billet ?

Il a dit que Non, pas le dimanche.

« Alors, qu'est-ce que tu me veux ? Qu'est-ce que tu cherches ? dis-je.

Après, il en est venu un autre, parce qu'ils étaient là plusieurs, me demander si je voulais visiter, et si je voulais le petit livre.

Ensuite, à l'intérieur, il n'y avait personne. J'ai marché au bord d'un long bassin sans eau, au pied d'un gros mur ; c'était écrit dans le livre ce que c'était, mais plus loin c'était écrit que l'identification était inacceptable, vu qu'il était beaucoup plus grand et que la forme ne correspondait pas non plus.

Ensuite venaient les *Cento Camerelle,* appelées ainsi parce que, au pied du grand mur en face, il y avait réellement plein de petites chambres où on était encore en train de fouiller à présent, et ils disaient dans le livre que c'était pour les domestiques, ou une caserne, sinon peut-être des magasins ou autres. Les murs écroulés qui venaient après, par contre, ils disaient que c'était presque certainement ceux de l'ancienne entrée et d'un autre édifice de destination incertaine, mais ils disaient qu'on les supposait peut-être de construction antérieure.

Ces murs, malgré qu'ils s'étaient écroulés, apparemment qu'ils avaient dû être bâtis solides. Parce que de grands morceaux de toit couchés par terre étaient presque entiers, avec toutes leurs briques encore jointes. Je me suis assis là à regarder ces briques.

Après, il était tard. J'étais allé dans une zone où le livre expliquait qu'on l'avait reconstruite en partie à l'aide de fragments trouvés au fond du bassin, vu que là aussi il y avait un bassin, et ensuite j'avais monté un escalier qui menait sur la hauteur, au domaine Bulgarini. Comme là-haut, apparemment, cela faisait partie de la zone de colline encore inexplorée, ils disaient que toute identification était arbitraire, qu'il fallait seulement admirer les oliviers séculaires, parmi les ruines dites de l'Académie, et prendre garde aux chiens. Alors, j'étais allé voir ces oliviers et je m'étais assis sur un mur en ruine, devant une esplanade où, de l'autre côté, il y avait un édifice qui faisait peut-être partie des bâtiments dits de l'Académie.

Le temps était humide. Chaque fois que le vent secouait les arbres, on aurait dit qu'il pleuvait. Là, pour sûr, il avait dû pleuvoir récemment. Le mur où j'étais assis n'était pas fait comme les autres, de rangées de longues briques alternant avec des bandes plus larges de briques carrées, mais uniquement de briques carrées, qu'on voyait bien ensuite que c'était pas des briques, mais de petits blocs taillés carré d'un côté et en pointe de l'autre, qui devaient être du tuf. Apparemment qu'ainsi fait il était moins solide : par terre, tout autour, c'était plein de ces petits blocs tombés de ce mur-là, qui était peut-être de construction antérieure, à moins qu'ils l'aient bâti au contraire plus tard. Mais du moment que, de toute façon, on ne savait pas ce que c'était, c'était peut-être bien égal.

A présent, il valait mieux que je pense à y aller,

peut-être. Parce que Gina m'avait dit d'être un peu en avance, vu que ça l'ennuyait d'attendre seule à la station si elle arrivait la première. Ainsi, il valait peut-être mieux que je me dépêche. Avec ça qu'ensuite il s'est mis à pleuvoir et tout à coup il a plu sérieusement, et j'ai couru m'abriter dans cet autre édifice qui était de l'autre côté et qui, heureusement, ne s'était pas écroulé.

Je regardais l'eau qui tombait, en pensant que, si je devais faire les courses pour le type de la Via Cernaia jusqu'au-delà de la Piazza Bologna, il fallait que je me trouve quelque chose pour quand il pleuvrait. Demain, il fallait aussi que je pense à prendre ces Moretto, malgré qu'elle avait dit que c'était pas pour les commissions qu'elle l'avait dit.

Cet autre édifice avait une grande porte de mauvais bois, et dedans on aurait dit des grottes les unes après les autres, avec plein de paille dans les coins qui, apparemment, devait servir pour les moutons. Dehors, il pleuvait plus fort, puis ça diminuait, il commençait à ne plus pleuvoir. D'une grotte plus au fond, un chien est venu voir qui était là, après il en est venu deux autres, plus gros. On est restés, avec ces chiens, à regarder cesser de pleuvoir.

Le car, il y avait peu de monde, et à Ponte Lucano il ne s'est même pas arrêté. Moi j'ai continué à regarder ce petit livre, que j'avais même voulu l'expliquer à Gina, mais elle dit qu'elle, de toute façon, elle n'y comprend rien. Ensuite, aux Acque Albule, des gens sont descendus, mais personne n'est monté. Gina a demandé si nous étions arrivés.

— Hein ?... Non. On est encore aux Acque Albule.

— Oh ! là là ! quelle barbe !

Elle a pris le petit livre, elle a regardé une illustration où c'était écrit dessous « Théâtre grec ».

— Ah, dit-elle, le théâtre grec.

— L'édifice, dit le théâtre grec. Parce que, là-dedans, ils expliquent qu'en réalité eux-mêmes ils ne savent pas ce que c'était.

Elle se mit à rire.

— Ah, alors, cha, ch'est pas rien !

Elle a cherché dans son sac ses pastilles à la menthe. Puis elle s'est remise à chercher, parce que le contrôleur passait pour demander les billets. Dehors, la campagne était dans l'obscurité. Nous sommes repassés devant une ferme avec une tour dessus, la tour avait peut-être été bâtie la première et la ferme, alors, on l'avait bâtie dans un second temps. Avec ça que même eux, peut-être, ils en seraient pas sûrs, ni si c'était une tour ou quoi.

— Tu en veux ? dit Gina.

— Merci.

On a sucé de ces pastilles.

« Demain, dis-je, il faut que je pense à prendre ces bonbons pour la Marquise. Elle m'a dit le dernier Perry Mason et deux cents grammes de Moretto.

— Ça, c'est gentil ! dit Gina.

V

— Comment ? dit-elle.

Mais comme il y avait quelqu'un qui demandait *Epoca,* alors, elle lui a donné *Epoca.* Puis elle a vu que je regardais un autre journal, et, comme je m'étais mis à le regarder, elle a cru que je voulais celui-là.

— *Casa Bella* ?

— Non, je demandais si vous avez le dernier Perry Mason.

— Ah, dit-elle. Oui, le voilà. Non.

— Non ?

— Non, c'est un autre. Le dernier... attendez que je regarde.

— Merci.

Elle se pencha, et regarda ceux qui étaient suspendus dehors avec des pincettes.

— Ah, le voilà. Vous ne voudriez pas le prendre vous-même ?

Après, elle l'a frotté contre son tablier pour effacer la marque de la pincette qui était restée, forcément, vu que la pincette avait rouillé.

« Voilà, dit-elle, c'est presque parti.

J'ai continué en regardant ce Perry Mason. En fait, la marque n'était pas vraiment partie, mais, si on ne savait pas ce que c'était, on pouvait aussi penser que c'était une marque faite exprès au-dessus d'où c'est écrit « Mensuel ». Ou alors, la marque était peut-être vraiment partie, et celle-là était dessous avant. Ensuite, j'ai acheté aussi les Moretto, au bar de la Via Merulana, et le raisin à la charrette devant l'entrée.

Devant l'entrée, je me suis arrêté parce que tout à coup il m'a semblé qu'elle ne m'avait pas dit d'acheter du raisin. Après tout, non, il me semblait qu'elle avait dit justement : Écoute, tu me prends aussi du raisin, si tu y penses.

— Ah merde ! Quel c... ! criai-je à un type qui s'était mis tout à coup à pousser, que j'en avais failli lâcher mon raisin.

Ensuite, je me dépêchai d'entrer moi aussi, parce qu'il y avait une sœur qu'on voyait tout de suite qu'elle donnerait raison à l'autre, si jamais. Du coup, je me trompai de nouveau et je retournai à la division Giannantonio, et j'ai dû m'appuyer tous les corridors et les escaliers jusqu'aux Pensionnaires C.

— Ici, tu sais, dis-je en entrant, avec tout ce monde qui poussait...

« Oh, pardon.

C'est qu'une des deux autres se baladait en chemise. L'autre n'était pas là.

— Voyons ! je vous en prie, on est entre malades, ici, dit celle qui se baladait.

— Ciao, dit la Marquise.

L'autre a passé son manteau sur sa chemise.

— Pourtant, dis-je encore, si je vous dérange, je sors.

— Mais non, mais non, voyons ! Au contraire, j'allais sortir, parce que je vais à la réadaptation, comme nous le faisons tous les deux jours. Vous connaissez ?

— Ah, dis-je, oui ?

— Oui. A la division du professeur Giacobbe, ici dessous. Vous savez où c'est ?

— Non. Seulement la division Giannantonio. Et, justement, avec tout ce monde qui poussait...

— Mais non, la réadaptation s'est toujours faite à la division Giacobbe. La division Giannantonio, c'est le professeur Giannantonio.

— Non, dis-je, je disais étant donné...

— Voyons, Professeur ! cria la Marquise.

— Vous permettez ? dis-je. Excusez-moi, hein ?

— Voyons, dit-elle, je vous en prie.

Je suis allé vers le lit de la Marquise.

— Excuse-moi, mais celle-là...

Elle m'a tiré par la manche, elle a pris les raisins, les Moretto, le Perry Mason, elle a tout mis sur la table de nuit. Puis elle a tiré de nouveau, parce que je voulais me mettre sur la chaise, et elle m'a fait asseoir sur le lit.

— Toi, écoute-moi, dit-elle. Écoute-moi bien.

— Excuse-moi, ai-je dit en riant. Mais celle-là, apparemment qu'elle avait envie de bavarder ! Et puis, comme elle parlait de cette division Giacobbe, j'expliquais...

Elle a ri.

— Je sais bien, que tu lui expliquais ! Mais pourquoi ne pas me l'expliquer à moi ?

— Expliquer quoi ?

Tout à coup, elle m'a tiré par les cheveux.

— N'importe quoi ! Si tu viens ici pour moi, c'est à moi qu'il faut expliquer, non ?

— Comment, on y accède ?

— Comment on y accède ? Je te l'ai raconté, dis-je. En poursuivant le long du mur de soutènement.

— Non. Je dis : Pourquoi dis-tu on y accède ?

— Ah. C'est le livre qui le dit : On y accède en poursuivant le long du mur de soutènement. Effectivement, j'ai continué le long du mur, et je suis arrivé là.

Elle m'a bien regardé.

— Toi, je crois que tu te fiches de moi. Tu te fiches de moi ?

— Mais comment ? dis-je en riant. Mais puisque...

Elle m'a demandé si je voulais encore un bonbon.

— Non merci, vraiment.

— Du raisin ?

— Merci. Non, mais comme l'itinéraire est expliqué là et même tout au long, je te disais comment ils disent, eux, qu'on y arrive. Mais ce que c'est, ils disent qu'on ne le sait pas. Qu'eux non plus ne savent pas.

— Ah non ? Comment ça

— Ils ne savent pas. Pourquoi ? Ils sont tout de même pas forcés de savoir. C'est vrai qu'alors on pourrait dire, pourquoi fouiller, à ce moment-là ?

— Mais non, je ne voulais pas dire ça, moi.

— Non, mais c'est Gina, quand je lui ai dit, qui a dit ça : Pourquoi fouiller, à ce moment-là ?

— Ah ! là là ! Gina ! Tu penses ce qu'elle peut y comprendre, Gina !

Après, elle m'a demandé d'aller voir dans le corridor si la sœur était assise ou si elle faisait sa tournée, parce qu'elle voulait fumer.

— Non, elle est assise tout au fond. Mais quoi ? tu veux fumer ?

Elle alluma une cigarette, et elle a fumé.

— Ne fume pas maintenant, dit-elle. Tu fumeras après. Comme ça, si la sœur vient pendant que je fume, tu lui diras que c'est toi.

— D'accord. Mais c'est pas mauvais, pour toi ?

— Tu penses !

Je l'ai regardée fumer. Après, j'ai regardé par terre, les carreaux par terre, mes souliers sur les carreaux. J'ai regardé les chaussettes que j'avais remises aujourd'hui, mais elles étaient trop abîmées, cette fois, il fallait que je les jette. D'ailleurs, à présent, je n'étais même plus si sûr que c'étaient celles que j'ai achetées après. C'étaient peut-être les autres que j'avais achetées après, et celles-là avant. De toute façon, lesquelles avant, lesquelles après, qu'est-ce que ça pouvait me faire ?

— En fait, dis-je, Gina, ce livre, elle me l'avait dit tout de suite qu'elle n'y comprenait rien. Même qu'elle te fait bien saluer.

— Ah, merci. Mais qu'est-ce que tu as ?

— Moi ? Qu'est-ce que j'ai ? Rien. Pourquoi ?

— Non, c'est qu'avant tu me regardais, puis tu ne m'as plus regardée.

— Ah ? Non.

« Non, dis-je ensuite, je regardais mes chaussettes qui...

J'ai ri.

« Mais quoi, à présent, je devrais te regarder toi, tout le temps ?

— Bien sûr !

Elle a ri, elle a tourné la tête comme pour regarder vers la porte. Elle m'a passé sa cigarette.

— Tiens. A toi de fumer…

Je me suis retourné aussi.

— Est-ce que la sœur est passée ? dis-je.

— Je ne sais pas. Qu'est-ce que tu dis, toi ? Elle est passée ?

— Comment ? dis-je.

— Non, excuse-moi, je plaisantais.

— Mais ces chaussettes, qu'est-ce que tu disais ?

— Ah non ; je disais que… Quelle heure est-il ?

— Encore tôt. Pourquoi ? Tu as à faire ?

— Non, pas tout de suite. Après, oui, je dois aller chez le type de la Via Cernaia qui m'a fait demander si j'y retournais aujourd'hui. Je disais ça parce que, peut-être, l'heure des visites est passée.

— Ici, pour les Pensionnaires, il n'y a plus d'heures de visites.

— Ah, tant mieux. Sinon, je me fais tout le temps crier après par ces sœurs de mon cul.

— Professeur, cria-t-elle, voyons !

— Hein ?… Oh, pardon.

— Tu n'as pas honte !

Elle m'a pris mon mégot que je tenais encore parce que je ne savais pas où le jeter, et elle l'a jeté. Puis elle m'a repris la main.

« Écoute : pourquoi tu ne me parles pas plutôt de cette Académie ?

— Quelle Académie ? Ah oui. Mais je ne t'ai parlé que de ça jusqu'à maintenant.

— Ça n'est pas vrai. Tu m'as dit seulement qu'il y

avait là cette Académie où on arrive en longeant le mur de soutènement…

— Ah oui, mais…

« Oh ! là là ! m'écriai-je, tu vois que, même ça, je me le rappelais pas.

— Pourquoi ?

— Parce que ce n'est pas écrit du tout : En longeant le mur de soutènement. C'est écrit : En suivant une courte rampe bordée de cyprès et d'oliviers.

— Jésus ! cria-t-elle. Alors, pourquoi veux-tu absolument me dire comment on y arrive dans le livre, si tu t'en souviens même pas ? Comment tu y es arrivé, toi ?

— Et qui est-ce qui s'en souvient ? criai-je.

Après, pendant qu'on riait tous les deux, les autres sont revenues de la réadaptation.

— Oh, dirent-elles, pardon.

C'est qu'elles avaient vu que la Marquise me tenait la main.

— Je vous en prie, dit la Marquise, vous pensez. Alors, vous avez fait les exercices ?

— Oui, même que l'infirmier nous a bien fait rire. Du moment que le professeur n'était pas là, et l'assistant non plus…

— Alors, vous me raconterez après ? dit la Marquise.

— Oui, dit celle qui avait le manteau, vous comprenez, du moment que l'assistant n'était pas là non plus…

— Oui, oui, dit l'autre, celle que j'avais réveillée le jour avant, on vous racontera après.

Je lui ai regardé la main, qui était toute jolie et

soignée. Tout près sur la couverture, par contre, il y avait une marque, comme si quelqu'un avait laissé tomber sa cendre, et alors, peut-être bien que c'était moi.

— Qu'est-ce que tu regardes ?

— Non, je me rappelais seulement que bien, souvent, ils le savent même pas, eux, si une chose est d'avant ou peut-être a été faite après. Dans cette Académie, par exemple, il y a un édifice qui est encore debout, et dedans maintenant il y a des moutons, et un autre par contre qui est complètement écroulé, tellement que j'ai pu m'asseoir dessus. Alors, ils disent, cet autre était peut-être de construction antérieure ? Ils ne savent pas.

— Mais ces moutons, dit-elle, alors, il n'y avait personne avec ?

— Comment, les moutons ?

— Enfin, tu as dit que, dans l'autre édifice, il y avait des moutons : ils étaient là tout seuls ?

— Avec des chiens, dis-je. Mais pourquoi ? Quel rapport ?

— Pour rien. Excuse-moi ; mais, comme tu parlais de ces moutons, j'ai demandé, non ?

— Mais, moi, je te parlais pas de ces moutons ! Je te disais que, du moment que, souvent, on ne sait même pas si la construction est antérieure, forcément, alors, l'identification aussi est arbitraire !

— D'accord, dit-elle. Ça, je l'avais compris. Mais comme tu disais...

« Oh ! là là ! ce que tu es embêtant ! ajouta-t-elle en riant.

— Non, dit celle au manteau, mais du moment que souvent ils les mettent pas tous au même endroit, souvent celui qui les garde n'est pas là. Ils laissent seulement les chiens.

A présent, en fait, son manteau, elle l'avait enlevé, mais elle ne s'était pas encore remise au lit. Elle s'était approchée pour arranger aussi l'autre lit, à côté de celui de la Marquise, malgré que ce n'était pas nécessaire, puisqu'il n'y avait personne dedans.

« Je sais ça, dit-elle, parce qu'à Maglianello aussi, dans la province de Rieti...

La Marquise s'était remise à rire, mais, pour ne pas montrer qu'elle riait, elle faisait comme si elle voulait arranger ses oreillers. L'autre est venue et les lui a tous bien arrangés.

— Merci, c'est gentil, dit la Marquise.

— Voilà, comme ça vous serez plus confortable, dit celle de Maglianello.

— Merci. Alors, vous êtes de Rieti ? dit la Marquise.

— De la province de Rieti. Mais à présent je suis à Rome moi aussi, dans l'affaire de mon beau-frère.

— Et moi depuis avant la guerre, dit l'autre. Mais, vous, vous êtes tout à fait de Rome ?

— Oui, dit la Marquise. Ou peut-être non ? Parce que le Professeur, ici, dit que, souvent, on ne peut pas savoir.

— Ah ? dit celle de Maglianello.

L'autre qui, avant, était assise sur le lit s'est levée, elle est venue s'asseoir plus près. Celle de Maglianello s'est assise aussi.

La Marquise s'est tournée pour prendre les cigarettes et le sac de bonbons sur la table de nuit. Mais comme elle voulait les prendre avec la main gauche, parce qu'avec la droite elle ne voulait pas lâcher la mienne, elle a eu de la peine. Et, ensuite, elle a eu mal, parce qu'elle s'était trop contorsionnée.

— Ça me fait encore un peu mal. Pas beaucoup. Vous prenez un bonbon ?

— Oh merci, dirent-elles, c'est gentil.

— Mais, dis-je, évidemment, si pour prendre quelque chose…

Je voulais dire que si elle se contorsionnait tellement, évidemment ça devait lui faire mal. Puis j'ai vu qu'elle me regardait. Les autres défaisaient le papier des bonbons.

— Oui ? dit-elle.

Elle m'a lâché la main pour allumer une cigarette, puis elle l'a reprise.

— Non, je demandais, ces Moretto, s'il fallait t'en reprendre la prochaine fois. Peut-être pas en papillotes ?

Les deux femmes en avaient déjà repris un chacune. Elles écoutaient si j'allais devoir en racheter.

« Non, puisque de toute façon, dis-je, tu n'en as pas besoin en papillotes ? Puisque de toute façon ils coûtent pareil, alors, si on les prend en papillotes, c'est tout ça de gagné pour le détaillant.

Elle se mit à tousser.

— Ouille !… Tu ne vois pas que tu me fais avaler la fumée de travers ?

Elle a même jeté sa cigarette pour montrer qu'elle avait avalé la fumée de travers. Après, elle a ri tellement qu'elle en oubliait de le montrer.

« Mais, Professeur, que tu es bête ! Comment peux-tu dire des bêtises pareilles ! Le détaillant !

Je ris aussi :

— Non ? Mais pourquoi ? C'est pas le détaillant ?

— Non, dit-elle. Si. Enfin, si tu veux, mais...

— Néanmoins, dit celle de Maglianello, c'est vrai que, les Moretto, il vaut mieux les acheter en vrac.

— Alors, dis-je, je les prendrai en vrac. Mais à présent je dois vraiment partir, le type de la Via Cernaia m'attend.

— Oh ! dit l'autre, quel dommage que vous deviez déjà partir ! Vous revenez demain ?

— Bien sûr, dit la Marquise. C'est que moi, demain, je me lève, et il faudra qu'il m'aide à tenir sur mes jambes.

— Oh ! dit celle de Maglianello, bravo ! Ainsi, le professeur Giacobbe vous fait lever, vous aussi ?

— Le professeur Giannantonio, dit l'autre. N'est-ce pas ?

— Le professeur, dit la Marquise. Son nom, je ne sais pas. Mais lui, à présent, il faut vraiment qu'il parte, ou il sera en retard Via Cernaia. Vous ne sortiriez pas un instant, que nous puissions nous dire au revoir ?

— Oh ! dirent-elles en riant, nous sortons tout de suite !

Elles sortirent. Elle m'a tiré par la main. De l'autre, elle a senti que je n'étais pas rasé.

— Dis, pourquoi tu ne t'es même pas rasé aujourd'hui ?

— Je n'ai pas eu le temps, excuse-moi. Mais qu'est-ce que ça peut faire ?

— Ça me fait que, après, on risque l'identification arbitraire. Non ?

Elle me tirait toujours.

« Sinon, ça m'est bien égal.

VI

— Allô, dis-je, oui ?... Non, elle n'est plus ici... Non, elle a fait dire de lui écrire Piazza San Silvestro, poste restante... Oui... Je vous en prie.

Je revins chez Gina, parce qu'elles se préparaient dans la chambre de Gina.

— Alors je vais me dépêcher, dis-je, mais arriver au car de la Via Gaeta à quatre heures, je sais pas si j'aurai le temps.

— Oh, firent-elles, non ?

— Je sais pas. C'est-à-dire que, éventuellement, vous pouvez y aller seules, et je viendrai vous prendre au retour. A celui de sept heures. D'accord ?

— D'accord, dirent-elles, mais pourquoi est-ce que tu dois te promener avec ta charrette aujourd'hui, un dimanche ?

— Et vous, alors ? Apparemment même que le dimanche c'est mieux, parce que la charrette est toujours libre plus tôt. Ciao. Je me dépêche, alors.

Via Cernaia, en fait, ils n'avaient pas fini de charger, ils étaient encore en train de mettre les bouteilles. Même qu'il est resté de la ferraille qu'ils avaient oubliée, alors ils ont dû enlever les bouteilles, et les remettre ensuite.

— Ça alors ! dis-je, on en a jusqu'à ce soir !

Après, je suis passé par la Via Palestro et derrière Castro Pretorio, vu que par la Via Nomentana, le dimanche, dans la contre-allée, c'est interdit. Sur l'avenue de la Polyclinique, ensuite, j'ai dû avancer lentement, à cause de tout ce monde qui allait à la Polyclinique, vu que c'étaient les heures de visite. Je me suis arrêté avant de traverser à côté d'une petite grosse.

— Alors, dit la petite grosse, vous vendez du raisin ?

— Hein ? dis-je. Non.

Après c'était tout en descente, pas de problème, et il y avait peu de monde. Je descendais avec ma charrette à croire que je n'avais rien à traîner, malgré qu'elle avait les ridelles hautes, et chargée à ras bord. Je regardais la ferraille sous les bouteilles.

— Allons-y les gars ! dit celui qui enregistrait les consignes à la Piazza Bologna, quand j'arrivai.

Il a enregistré les consignes, ensuite il m'a aidé à décharger.

Pour remonter je suis repassé par la Polyclinique, mais il était tard à présent, tout le monde était entré. Les types avec les charrettes de raisin s'en allaient. Au fond de ma charrette, il était resté une grappe de raisin écrasée qu'ils avaient dû y jeter avant de charger. Mais on pouvait aussi croire, peut-être, que, moi aussi, j'avais vendu du raisin.

Après, j'ai pensé qu'il n'était peut-être pas si tard que ça, si ces charrettes partaient seulement. Seulement, savoir si l'horaire était le même à la Polyclinique qu'à San Giovanni ? Et puis, en fait, celui de San Giovanni, je ne m'en souvenais même pas, puisque, après, chez les Pensionnaires, il y en avait plus du tout.

J'ai tourné au Castro Pretorio et j'ai repris la Via

Palestro, puis j'ai continué par la Via Cernaia en regardant cette grappe écrasée qui était restée au fond. Il était resté aussi un morceau de fer à moitié verni coincé entre les planches du fond, mais, là aussi, savoir si ça venait du dernier chargement ou de celui du jour avant, ou de quand, et encore, savoir, si c'était quoi ou quoi...

Mais après c'était tard, j'aurais dû attendre l'autre. Ou bien rentrer à la maison et monter avec celui de six heures. Seulement, si elles étaient en retard aussi, je faisais mieux de les attendre là, parce qu'elles iraient peut-être aussi par celui-là. J'allai voir au café du coin de la Via Volturno, si par hasard dans ce café elles y étaient. Puis je retournai aux cars.

En face de la station des cars, près du kiosque des contrôleurs, il y avait un morceau de rempart où c'était écrit dessus « Anciens murs de Servius ». Mais, au-dessous, c'était écrit « Murs dits de Servius », vu qu'ils avaient été bâtis plus tard et restaurés dans un second temps ; et, comme je m'étais mis à lire où ils expliquaient tout ça, un contrôleur s'est mis à lire lui aussi.

— Ouais... dit le contrôleur.

Puis il a dit que si j'attendais le car du dimanche pour la Villa Adriana, il partait à présent de l'autre arrêt.

— Oh, dis-je, merci.

Je suis allé voir si par hasard elles étaient là, elles aussi. Puis je suis monté, moi aussi ; et tout le monde montait, vu que c'était l'heure.

— Pressons, on s'en va ! dit le receveur.

Ce car du dimanche pour la Villa Adriana, presque tout le monde en fait descendait aux Acque Albule. A la Villa Adriana, il est descendu seulement un couple et, dès qu'il a été entré, il a disparu dans les buissons. Il n'y avait personne d'autre.

Je suis monté par un petit escalier aux marches fendues qui tournait sous les arbres, qui devait être la courte rampe bordée de cyprès et d'oliviers. Alors, l'autre fois, j'avais dû passer d'un autre côté : parce que, là, je n'y étais jamais passé. Plus loin non plus, où il y avait un lac rond avec au milieu tout plein de colonnes sur une île, je n'y étais jamais passé, et c'était ça peut-être que le livre disait qu'on appelait le Théâtre maritime, dénomination d'ailleurs parfaitement fantaisiste.

Je suis resté assis au bord de ce lac à regarder l'eau et ce théâtre qu'on voyait à l'envers dans l'eau, avec les nuages dessous. Je n'avais pas le livre, si bien que ce n'était peut-être même pas ce lac mais l'autre ; enfin, de toute façon, c'était ce que c'était, du moment que, de toute façon, on n'en savait sûrement pas davantage sur l'autre. Il est passé un type avec un pied-bot et une vareuse de gardien.

— Vous auriez pas l'heure ? dis-je.

— Six heures.

Il s'est arrêté.

« Il y a encore une demi-heure. Vous avez vu l'Antiquarium ?

— Non. Comment ?

— Venez, je vais vous montrer.

Il m'a conduit à cet Antiquarium, c'était tout des vitrines aux murs d'une petite bâtisse qu'il avait ouverte avec ses clefs.

« Voilà, vous pouvez regarder. La présentation est provisoire, mais c'est intéressant.

— Ah, merci.

Il a attendu, assis, pendant que je regardais.

Mais il n'y avait pas de lumière et on y voyait mal. Sur les vitres, il y avait encore une grille avec tout plein de poussière, et dedans il y avait des tasses, des bouteilles cassées, des clous, des bouts de fer qu'on ne comprenait pas ce que c'était. Sur une des vitres, il y avait plus de lumière, parce qu'elle était en face de la porte, mais dedans on ne voyait que cette porte et la chaise à côté, avec le type assis dessus.

— Vous avez vu ?

J'étais en train de me regarder dans la vitre.

« Alors, vous avez vu ?

— Quoi ? Ah oui.

Nous sommes sortis, il a refermé la porte.

« Merci, dis-je, hein ?

Il est parti, il n'avait pas l'air content.

Je suis descendu lentement, par la courte rampe, puis dans l'avenue je suis allé plus vite parce qu'elle était longue et je voulais être à l'arrêt avant, si par hasard elles arrivaient avant.

— Merci. Tu ne veux pas une des miennes ?

— Hein ? Non.

Gina dormait devant, la tête contre la vitre. Dehors, il faisait nuit. C'est qu'elles étaient arrivées plus tard, au contraire, et on avait dû prendre le suivant.

— Qu'est-ce que tu as ?

— Qu'est-ce que tu veux que j'aie ? dis-je. Va savoir. Je ne sais pas.

— Alors, c'est qu'on ne peut pas savoir, décidément. On ne peut pas savoir ?

Le contrôleur est passé. Après l'Acqua Bullicante, on est repassés devant cette tour au-dessus de la ferme. C'est-à-dire, à présent, on voyait seulement la tour, parce que la ferme, dessous, était trop sombre. Ou bien c'était une autre tour.

— Tu regardais quoi ? dit-elle. Ou si on ne peut même pas savoir ça ?

— Hein ?... Ah oui... C'est-à-dire en fait non, parce que...

J'ai expliqué cette histoire de tour, et alors, après, à Portonaccio, elle aussi a dit : Va savoir si c'est vraiment Portonaccio. Au cimetière, elle a dit qu'elle avait envie de rire, parce que, alors, le cimetière aussi... Après, elle a regardé Gina, elle a chuchoté :

— Écoute, si on allait au cinéma ? Gina, on lui dit bonsoir et on va au cinéma. Oui ?

— Mais oui, fais comme tu voudras.

— Ah ! là là ! dit-elle, comme tu es !...

A l'arrêt avant la Via Gaeta, elle a réveillé Gina.

— Hein ? dit Gina.

Elle a regardé dehors, on n'y voyait rien.

« Comment, on est encore aux Acque Albule ?

— Non, Via Marsala. Nous on descend ici, il doit m'accompagner quelque part.

— Ah ? dit Gina. Mais...

— Alors, ciao, hein ! On se retrouve à la maison. Ciao.

— Allons, pressons, on s'en va, dit le receveur.

— Oui, dit-elle. Tu viens ?

On est descendus. On était sur l'esplanade où finit le mur de la gare, tout au bout de la Via Marsala.

« Viens, dit-elle. On va par là.

On a traversé en direction de l'arche en face, par où on retourne à San Lorenzo. Passé l'arche, il faisait encore plus sombre. Le rempart de Porta Tiburtina commençait là.

— Mais, par là, dis-je, on retourne à San Lorenzo. Où veux-tu aller ? Tu voulais pas aller au cinéma ?

Elle s'est approchée du rempart et s'est arrêtée, elle m'a lâché le bras. J'ai attendu de voir si elle dirait quelque chose.

« Mais quoi ? Qu'est-ce qu'il y a ? ai-je dit. Tu voulais pas aller au cinéma ?

Elle s'est mise à pleurer.

— Moi, mais je veux aller où tu voudras, dit-elle en pleurant. Où tu voudras. Où je veux aller, moi ? Où tu voudras.

Elle pleurait fort, adossée au rempart.

Après, elle a soulevé ma main, celle qui tenait la sienne, elle m'a fait sentir qu'elle avait la figure toute mouillée parce qu'elle pleurait.

On était là à se serrer, à pleurer, à ne plus même savoir où on était.

On était là serrés contre le rempart.

Après, on a marché encore le long du rempart, toujours celui de Porta Tiburtina, ou bien on était plus loin, et à présent c'était celui de Porta San Lorenzo. En face, il y avait la fouille où les trains passaient dessus. Après, c'était Porta San Lorenzo.

— Aïe, dit-elle avant de traverser, ça me fait encore un peu mal.

Elle m'a fait sentir, sous la veste, que ça lui faisait mal.

— Excuse. C'est moi qui t'ai fait mal.

Elle a ri, elle a dit que Non. On a suivi la Via Tiburtina, sur le trottoir le long des maisons, du côté opposé au parc, devant les magasins fermés.

— Tu m'as fait mal quand tu faisais la tête, dit-elle. Après, tu ne m'as pas fait mal.

— Excuse, c'était que...

— Parce que moi, dit-elle tout bas, qu'est-ce que je dois faire ?

— Oui. Je sais.

On marchait le long de ce trottoir.

« Moi, je ne dis pas... Mais c'était que...

— Je sais.

Elle s'est arrêtée devant une vitrine ou c'était écrit dessus « Articles de ménage », derrière la vitre c'était tout noir et elle se regardait dedans, elle arrangeait ses cheveux. Elle a vu dans la vitre que je la regardais et elle a ri. Elle était contente, elle se trouvait jolie.

— Toi, dit-elle, à présent, tu vas lui faire un beau sourire à cette demoiselle. Oui ?

Je lui ai fait le sourire, dans la vitre, et derrière on voyait la rue avec les gens qui passaient et, de l'autre côté de la rue, plus au fond, dans l'ombre du parc, on commençait aussi à voir les articles derrière la grille baissée, apparemment que là aussi il n'y avait que des tasses, des verres et d'autres choses qu'on ne comprenait pas ce que c'était, avec au milieu nous qui regardions, apparemment, mais après tout savoir qui c'était, et si c'était quoi ou quoi, tout ça.

II

Carlo Fruttero

Je te trouve un peu pâle

Traduit par
Gérard Hug

Moi, pauvre de moi, je me rappelle seulement, et c'est déjà un miracle, que le bateau de ces Anglais, des amis si charmants de Fabrizia, s'appelle le *Rasselas II,* et je perds un temps fou pour le trouver, après en avoir déjà perdu énormément pour me garer à deux cent cinquante kilomètres du port. Là, une fois passé la guérite du gardien, on trouve la foule hargneuse de tous les ports artificiels, c'est-à-dire de tout ce qui a été conçu rationnellement et qui ensuite contre toute attente tourne au bordel sans nom. Je fais des kilomètres le long de quais qui ressemblent à des couloirs d'hôpital pendant une épidémie de peste, et, sur des indications scandinaves, des gestes grecs et d'éclatants sourires espagnols, je me traîne jusqu'au lit 718, où l'on a installé le *Rasselas II,* un machin blanc avec deux mâts.

Je ne vois personne, je monte à bord, je descends à l'intérieur, guidée par un filet de piano, et là je trouve les deux charmants, qui écoutent une cassette de Bach ou de Vivaldi, elle en croquant une pomme, lui arqué sur son siège comme un homard, dont il a aussi la couleur. Ils tombent et retombent avec entêtement des nuages, ils ne savent pas, ils ne comprennent pas, ils haussent les sourcils, moi je vais déjà tout plaquer et m'en aller furibonde, quand arrive toute une série de « oh » pour saluer le Saint Esprit descendu les éclairer : oh so you are Gea, oh yes, oh sorry, oh well, oh please, et de creuser, et de la fouille il ressort qu'eux ne sont pas du tout eux, mais deux amis, deux hôtes du *Rasselas II,* dont les propriétaires (un nommé Jeff, à ce qu'il paraît, et une nommée Harriett) sont descendus à terre et sont allés à Port'Ercole acheter des, euh, *zucchini* *, en italien dans le texte.

Mais est-ce qu'ils ne devaient pas m'attendre, moi, ne devais-je pas les conduire tous à Montepulciano, n'est-ce pas de cela qu'ils étaient convenus hier soir avec Fabrizia, pour profiter de mon grand break **, et caetera ?

Oh yes, oh no, oh dear, oh God, il y a eu un malentendu, eux avaient compris qu'à Montepulciano Gazzelloni donnait un concert, mais ensuite ils ont su que non, que Gazzelloni joue ce soir à Massa Marittima, alors ils ont téléphoné à Fabrizia, mais Fabrizia était sortie, alors ils ont laissé tomber...

Oh merde. Elle me tend, et moi je repousse, une misérable pomme, tandis que le homard s'informe sur Gazzelloni, c'est lui le passionné, le fan, il a tous ses disques, seulement il n'a jamais eu la chance de l'entendre en chair et en os, il l'a toujours manqué d'un poil, l'année dernière et caetera, l'année d'avant

* Courgettes. [Toutes les notes sont du traducteur.]

** *Giardinetta* : il s'agit d'une voiture destinée au transport des personnes comme des marchandises, équipée d'une cinquième porte à l'arrière au lieu de malle ; parfois, une partie de la carrosserie est en bois.

et caetera. Moi, j'explique que j'ai toujours eu du mal à le manquer, ça fait des années que l'été, en Italie centrale, on ne peut arriver dans le moindre hameau, dans la plus petite basilique, dans le plus microscopique café-glacier en plein air, sans y trouver, quoi ? Gazzelloni qui joue de sa flûte. Oh yes, oh I see, oh really.

Je quitte le *Rasselas II* en pensant que, si je les assassinais à coups de hache, personne ne me découvrirait jamais, je refais les couloirs d'hôpital, je retrouve ma voiture, qui est devenue une fournaise, je repars dans ma jolie petite robe rayée trempée de sueur et malgré cette dent qui recommence à me gêner.

Je ralentis. Je décide presque de rentrer à la maison, à l'ombre, au frais, avec un thé froid et l'un des sept cent dix-huit livres que je devrais lire.

Oui, mais Fabrizia a tellement insisté : à Montepulciano, on donne le *Tamerlan* de Haydn, un délice baroque, un petit joyau rarissime, jamais représenté depuis quatre cents ans (hum, n'y aurait-il pas *un bon motif** ?), et puis il vient là des gens tellement sympathiques, Obo et Malvina de Punta Ala, les Janner de Castiglione, les Berluschi ont promis eux aussi, de Sienne devrait venir Giorgio avec deux cinéastes français de génie, puis naturellement Ascanio, Gabriele, Isa, qui est revenue hier d'Afrique du Sud, les Valdo avec un psychanalyste argentin de leurs amis, l'inévitable Micheletti, le lugubre marquis

* En français dans le texte.

Gabbiani, qui dit toujours ensuite qu'il s'est tellement amusé...

Selon Fabrizia, voir tous ces gens devrait me faire du bien, me distraire, m'aider à surmonter ma crise conjugale : pour elle comme pour tous les égocentriques, le temps ne passe pas, elle continue à me traiter comme il y a deux ans, quand nous nous sommes mal quittés, avec Roby, que je persiste à considérer comme une sinistre vermine, mais qui me laisse parfaitement froide à présent, sur le plan des sentiments et caetera. En réalité, ce n'est même pas cela, la vérité est qu'elle aime organiser ces choses : une longue chaîne d'ancêtres généraux lui a transmis la passion des concentrations, dislocations, marches forcées, avances et retraites, rassemblements et reconnaissances sur le difficile terrain de la Toscane, de l'Ombrie et du haut Latium. Les grandes manœuvres.

A Dieu vat, mon peloton, réduit à un seul soldat par la défection de la marine britannique, se met en mouvement avec son mal de dents vers le point de rassemblement général : les ruines de Roselle, ainsi finalement nous les verrons, voilà des siècles que nous nous répétons qu'il faut y aller, à Roselle, Machin dit qu'elles sont superbes, encore mieux que l'Acropole, la fille de Chose y a fait des fouilles avec l'université de Florence ou Harvard.

A quelques kilomètres de la bifurcation, à la sortie d'un virage en descente, je me trouve au milieu de l'habituel accident de la circulation, je freine en y laissant presque mon talon, je passe les yeux fermés comme je le fais toujours dans ces cas-là, c'est-à-dire que je cherche à me concentrer sur le mètre de route que j'ai devant moi, sur la plaque minéralogique de celui qui me précède, sur le disque du carabinier qui me fait signe d'attendre ou de filer. J'abrège, je sous-entends, j'ignore.

Je censure.

Non que je sois du genre particulièrement impressionnable : je passe au contraire en général pour une femme « forte ». J'ai dû m'évanouir trois fois dans toute ma vie, une fois pour être restée trente-six heures sans manger sur le bateau de malheur (il s'appelait *Tease* : je hais les noms de bateaux) de mon mari, de mon ex-mari, en somme : de Roby; et une autre fois pour avoir héroïquement avalé un œuf noir chinois lors d'un dîner chez un éleveur de chevaux (je hais les noms de chevaux) dans le duché de Bade ou en Bavière, je ne me souviens plus. Quant à pleurer, ma moyenne est d'un cri strident par an; deux au maximum. Les souris, les araignées, les serpents ne provoquent chez moi rien de plus qu'une saine horreur, et j'ai plusieurs fois assisté sans ciller à de terribles agonies, aussi bien de parents que d'amis. Naturellement, je ne sais pas comment je réagirais sur l'un de ces champs de bataille où volent escalopes et ragoûts humains, mais je peux dire que, en présence des plaies, écorchures, fractures, abcès et autres, dont ont souffert à différents âges mes enfants, je n'ai jamais eu besoin de sels ou de cognac, que d'ailleurs je n'aime pas.

Ce ne sont donc pas les éventuelles visions d'horreur et de carnage sur lesquelles je m'efforce de faire le black-out quand je rencontre un accident. Du reste, cet accident-ci ne semble avoir rien de spectaculaire : des voitures de témoins ou de curieux arrêtées sur le bas-côté à droite et à gauche, deux gendarmes qui gesticulent avec leurs disques, d'autres, agenouillés sur la chaussée, en train de tirer des lignes à la craie et de mesurer les longues traces noires de freinage, un saupoudrage de verre brisé qui scintille, une ambulance blanche : nuptiale.

Du coin de l'œil, derrière mes lunettes de soleil, je ne peux pas ne pas apercevoir deux voitures en travers de la route, défoncées au point que leur consistance n'est plus celle du métal mais de la cire molle, celle qu'ont les objets dans certains tableaux surréalistes et que moi, un an après mon mariage, j'associais déjà au caractère à la fois fuyant et collant de Roby. Au fond c'est pour cela, pas du tout pour son aventure — toute blessante qu'elle fût — avec Ippolita, que je me suis finalement désengluée de lui.

Quoi qu'il en soit, je passe sur la pointe des roues entre ces ruines qui ne sont pas précisément historiques et je vois plus loin la cause probable de toute l'affaire : un mouton qui a coupé la route à quelqu'un gît à présent, gris et sanguinolent, sur l'asphalte. Pour l'éviter, un break bleu est allé s'écraser contre un olivier, portières arrachées, l'avant en piteux état, tel un mouchoir après une dispute, avec une coulée d'entrailles mécaniques qui fume encore. Juste au-dessus, un panneau touristique évocateur représente quatre cavaliers en file sur une plage toscane au coucher du soleil, à contre-jour (se rendent-ils à un concert de Gazzelloni ?). De l'autre côté de la route, un vieillard appâté, en survêtement rouge, immobile à côté de sa bicyclette, enregistre chaque détail pour le raconter plus tard à ses petits-enfants, autour du repas familial.

Je suis en retard, j'accélère, je m'engage sur une route en terre battue, je grimpe dans le maquis jusqu'à ce que je rencontre barrières, grilles et interdictions, je me gare du mieux que je peux derrière la Rolls des Valdo, dont le chauffeur-gorille Raffaele ne lève même pas la tête, plongé dans une BD — un western —, et je m'arrête indécise entre deux flèches qui indiquent l'une la montée vers les ruines proprement dites, l'autre le tour des remparts cyclopéens, traduisez, dans cette partie du monde : les remparts étrusques.

C'est alors que l'idée que j'ai oublié quelque chose me transperce : comme une crampe. Panique. Oublié quoi ? De prendre le bateau des Freidel pour aller à l'île d'Elbe ? De fermer la porte, chez moi ? Ou bien que ma mère est venue de Lausanne et m'attend depuis deux heures à la gare d'Orbetello ? Panique. Angoisse et effarement.

Ascanio me sauve en dévalant le petit sentier des remparts, il ne me voit même pas tant il se hâte, je lui crie « Hé ! », il se tourne à peine, continue sa course jusqu'à sa Range Rover, en sort une caméra, remonte en haletant vers moi.

— Ciao, Gea, comment va ? je ne t'avais pas vue, comment va ta dent ? dit-il sans reprendre son souffle.

L'année passée, à Giannutri, un jour que j'étais restée seule en topless avec lui, il m'est tombé dessus comme un polyvalent et j'ai dû le foudroyer d'un jet de spray solaire dans les yeux. Depuis, il tend à la concision, avec moi.

— Mieux, merci. Les autres sont tous déjà là ?

— Boh.

Il commence à filmer l'enfilade des murs cyclopéens, pour lesquels il n'éprouve pas le moindre intérêt. Mais c'est l'un de ces hommes qui, littéralement, ne croient pas en leurs propres yeux : seules les images reproduites lui semblent douées de réalité. Nous suivons le chemin qui court au pied des blocs entassés, nous arrivons à un étroit passage, trois marches très hautes dans le tuf, Ascanio monte et se retourne comme pour me tendre la main, mais d'un saut j'ai déjà atteint le haut, je vois une colline ronde et jaune, couverte de chaumes et de chardons desséchés, et toute l'armée, là, réunie à l'ombre d'un chêne énorme. J'en reconnais à peine la moitié, comme d'habitude des troupes fraîches se sont adjointes, des amis d'amis de passage, et rien qu'à la façon dont ils se tiennent j'ai les nerfs à vif : je devine que personne n'a plus envie de monter jusqu'aux fouilles. Certains se sont assis avec méfiance sur les chardons, d'autres flânent par petits groupes, Carlos, le valet de chambre des Berluschi, s'affaire avec un sac isothermique, offrant du vin blanc dans des verres en carton.

Énervement mis à part, reconnaissons que je dois toujours faire un notable effort pour « entrer » physiquement dans le cercle des autres, connus ou inconnus : mon analyste (si j'en avais un) dirait que mon subconscient (si j'en avais un aussi) connaît la terreur d'être refusé, repoussé, nié.

Ascanio, ou plutôt sa caméra, attire heureusement ce qu'il reste d'attention générale, et moi je peux me faufiler en douce, passer derrière Susi (qui s'est peut-être retournée pour ne pas me dire bonjour, elle doit être encore fâchée pour l'affaire du jardinier), et m'approcher de Fabrizia, lui raconter l'histoire de la Royal Navy et de Gazzelloni, qui — je dois le dire — me reste encore sur l'estomac. Elle, elle m'écoute à peine, elle répond par de distraits : Ah oui, imagine un peu, elle hoche la tête de droite à gauche comme un lézard, il est évident qu'elle se fiche totalement de ces Anglais, des amis si charmants, s'ils étaient là elle se mettrait en quatre, ce serait une cascade d'exclamations, de mines et de oh darling, mais les absents ont toujours tort, loin des yeux loin du cœur, nous sommes tous des pions interchangeables sur son éternel échiquier mondain.

Je reste là complètement coincée, pis : je ne me sens en quelque sorte pas à ma place, je ne sais pas, toute la scène a quelque chose d'inerte, de statique, peut-être mon subconscient s'attendait-il à rencontrer plus de vivacité, une animation en rapport avec la grande course que j'ai faite.

— Je te trouve un peu pâle, tu arrives de Milan ? demande, l'air sévère, Malvina, qui croit au bronzage comme Hitler croyait en la supériorité de la race aryenne.

— Non, mais je ne suis pas beaucoup sortie, j'ai une dent qui me gêne, si ça continue il faudra que je me décide à…

— Poor thing. Tu pourras quand même venir à la maison après-demain soir ? Nous préparons la même chose que d'habitude pour l'anniversaire d'Obo.

Serait-ce ça, la « chose » que j'ai oubliée ? M'aurait-elle déjà téléphoné, invitée ? Je ne crois pas, elle aurait tourné sa phrase un peu autrement ; mais comment faire pour le lui demander ?

— Après-demain... laisse-moi réfléchir... en principe oui, volontiers, quoi qu'il en soit, je te confirmerai, il me semble que j'ai une espèce d'engagement, je ne sais plus bien. De toute façon merci, si j'arrive à me libérer je viendrai, sûr.

Son visage couleur acajou a pris une expression soupçonneuse : on dirait l'une de ses domestiques philippines devant une assiette de ravioli.

— Les Janner t'ont invitée ?

Panique. Si je réponds que je ne sais pas, c'est comme si je lui disais que je me fiche de leur invitation, et par conséquent de la sienne. Je mens :

— Non, c'est pour quelque chose avec des Anglais, mais nous en avons parlé comme ça, très vaguement.

Elle est rassurée, ça fait déjà deux fois que les Janner lui sabotent une party en en donnant une le même soir, ces gens-là sont plus dangereux que les Brigades rouges. Bon, mais à présent il me faut trouver les Janner et tenter à tout prix de savoir s'ils m'ont ou non invitée.

« Les Janner sont ici ?

— Oui, non, c'est-à-dire : je les ai vus qui montaient visiter les ruines, moi je n'ai pas eu ce courage, il fait trop chaud, j'ai une soif à devenir folle.

Son verre de carton est vide et elle va se le faire remplir par Carlos, cinq pas plus loin.

« Kommt herunter ! crie Fabrizia de sa voix de général. Kommt sofort herunter !

Des enfants blonds comme on n'en fait pas essaient vainement de grimper sur le chêne, ce sont les enfants de quelqu'un, mon Dieu on va les avoir dans les jambes toute la journée, ils auront faim, soif, sommeil, de nouveau faim, soif, envie de faire pipi, mal au cœur, jusqu'à trois heures du matin, tu frissonnes rien qu'à repenser aux tiens à cet âge-là, après heureusement ils grandissent et passent l'été en Angleterre, ou avec leur père en Sardaigne, en Yougoslavie, mais toi tu t'inquiètes tout de même parce que tu voudrais en réalité savoir s'ils ont ou non faim, soif, froid, chaud, sommeil, jusqu'à trois heures du matin.

Carlos fait semblant de ne pas me voir pour s'épargner les cinq pas de chardons qui nous séparent, mais de toute façon moi je n'ai pas soif, et puis je dois trouver les Janner et voir les ruines, du moment que je suis là. J'annonce alors que Bon, je monte, personne ne me suit sauf le lugubre marquis.

— Vingt mille ! explique Isa, en soulevant sur sa poitrine un banal collier de coton tressé. Si j'avais marchandé, je l'avais pour dix-huit.

Suit un chœur hypocrite de : Mais non, ce n'est pas possible, je ne peux pas le croire, mais j'y cours demain, c'est vraiment donné. Et moi, j'éprouve une brève, fulgurante sensation de je ne sais pas bien quoi : ennui, hostilité, gêne ? Non, peut-être « différence ». Moi qui mille fois ai été la protagoniste de scènes semblables.

Nous montons en silence : Gabbiani s'est consacré au mutisme comme d'autres se consacrent à faire collection de timbres ou de monnaies anciennes. On dit que, jeune, il a été très beau et très brillant ; maintenant, il est sec comme une trique, voûté, chauve, et il porte des chemises à carreaux de toute évidence mises au rancart par son fermier. L'avarice suinte jusque de sa moustache, aux poils rares, qu'on peut compter un par un.

Au bout d'un moment, je le laisse sans pitié en arrière, je me sens, en comparaison, fraîche et légère, je regrette seulement d'avoir bêtement oublié mes lunettes de soleil dans la voiture, cette lumière très forte me blesse ; par une sorte de compensation, je ne sens plus ma dent : espérons que ça va durer.

J'arrive enfin sur le plateau où se dressa jadis la ville, d'abord étrusque puis romaine, et c'est alors que les superbes ruines sont gâchées pour moi par la découverte que je n'ai plus mon bracelet early Victorian, d'argent inscruté d'émaux.

Coup de poignard en plein cœur. Chauffé à blanc.

Le fermoir a dû lâcher (tu savais qu'il allait céder, mais tu as sans cesse repoussé le moment de le faire réparer), il aura glissé, il sera tombé Dieu sait où.

Une rage folle.

Qu'est-ce que tu fais, toi, dans un cas semblable ? Tu obliges le pauvre marquis à revenir en arrière et à chercher pas à pas dans les chaumes ? Et les autres crétins à chercher sous le chêne ? Et ce grand bêta d'Ascanio à chercher au pied des murs cyclopéens ? Cette conne de Fabrizia le ferait, elle mobiliserait même les carabiniers, et la police de la route ; mais toi non, tu es trop bien élevée, trop délicate, trop résignée, tu respires profondément, tu encaisses, tu te promènes malgré tout parmi les fouilles, les tranchées à *opus reticulatum*, les fragments de mosaïque rescapés, les restes de colonnes et de conduites souterraines, les portes qu'il faut deviner, les couloirs émouvants où il y a deux mille ans une femme comme toi a peut-être laissé tomber un bracelet mal attaché (à ceci près que ses esclaves l'auraient aussitôt retrouvé).

D'une voie romaine aux pierres disjointes qui grimpe à gauche, descend Giorgio précédé par sa brioche, suivi de ses cinéastes français, deux blondinets frêles dans les vingt-cinq ans, pieds en fuseau serrés dans de mini-sandales. Il se fait de sa main un écran, me salue, me présente les deux jeunes gens (en réalité ils sont allemands, mais ils parlent bien le français), il demande ce qui diable m'arrive : il me trouve étrange, pâle, émaciée.

Je lui raconte et, dite en français, la chose semble déjà moins tragique.

— *C'est agaçant**, décident-ils en frissonnant par sympathie. Mais où cela a-t-il pu se produire ?

Moi, il me vient à l'esprit : dans ma chambre à coucher, peut-être, ou dans les escaliers, ou même pendant que je conduisais. *Voilà. Voilà**. L'un des cinéastes raconte comment la même aventure lui est arrivée avec sa montre, miraculeusement retrouvée plus tard dans un soulier.

Tu t'éloignes vaguement agacée par cette solidarité de surface, mais que prétendais-tu ? qu'ils se missent à sangloter sur tes mésaventures ? Tu ne regrettes plus seulement le bracelet et les lunettes noires, mais aussi le chapeau de paille que tu dois avoir bêtement

* En français dans le texte.

oublié sur le siège arrière : en haut, la lumière est aveuglante, la chaleur voile comme d'ambiguïté toute la plaine de la Maremme, jusqu'à l'horizon. Tu te consoles en te disant que toi du moins, frileuse comme tu l'es, tu n'en souffres presque pas, et si tu titubes un peu sur les vieilles pierres, c'est à cause de ce talon à moitié arraché par le coup de frein. Au reste, pour l'instant, il tient.

— Les Étrusques construisaient toujours sur les hauteurs, commente d'en bas la voix de l'inévitable Micheletti, ainsi qualifié soit parce qu'il est impossible de l'éviter où que l'on aille, soit parce qu'il n'a jamais prononcé une phrase, même une seule, que l'on ne pût prévoir : c'est comme l'horloge parlante, onze heures sept minutes vingt secondes, onze heures sept minutes trente secondes, onze heures sept minutes quarante secondes…

Tu t'accoudes à un garde-fou et tu le vois, un ou deux niveaux archéologiques plus bas, il est avec Gabriele et une mulâtresse sensationnelle d'un mètre quatre-vingt-cinq.

Et alors, tu n'en as pas encore assez vu ? Gabriele en change tous les mois, personne n'a jamais compris où il va les pêcher (certains prétendent que c'est une agence parisienne de relations publiques qui les lui procure, et qu'il n'en fait rien, qu'il les promène uniquement pour son standing), mais c'est tout de même un coup dur pour une femme de trente-sept ans, qui mesure un mètre soixante-cinq (soixante-trois, ne trichons pas), et n'a jamais rien eu de félin, un faible pour le steak tartare mis à part. Pour nous en tenir au plus probable, Gabriele est un misogyne qui traîne en laisse ces panthères dans le seul but de nous humilier, nous autres toutes, pauvres cellulitiques dont les capillaires affleurent aux chevilles.

Et quand tu la vois avancer majestueuse dans sa robe de soie vert vif sur fond de murs cyclopéens, tu as beau te dire que ces filles-là ont une vie des plus dures, que d'habitude elles finissent tragiquement, droguées, revolvérisées, alcooliques, et qu'en tout cas le temps, le temps poussiéreux de Roselle, les broiera elles aussi, que les rides et les plis arriveront inexorablement. Tu as beau te le dire...

Laisse tomber, retire-toi, toute félinité à part, en compagnie d'un groupe de touristes hollandais (clic clic clic), puis derrière un groupe de touristes suédois (clic clic clic clic clic), monte, toi aussi, jusqu'aux ruines du cirque, un petit, émouvant, ovale, un mini-Colisée surmonté de chênes verts et d'oliviers où l'on entre par quatre galeries encore intactes à *opus incertum*. Tu en fais lentement le tour, tu t'assieds dans un coin d'ombre, tu médites, comme l'inévitable Micheletti, sur les gladiateurs, les chrétiens et les lions, et peu à peu la ouate des siècles absorbe tout : ta ridicule jalousie à l'égard de la panthère, ton désespoir pour le bracelet, ton irritation généralisée devant une journée qui va un peu de travers.

Paix, silence.

Tu as oublié quelque chose : quelqu'un devait te donner une importante confirmation ce matin, ou c'est toi qui devais absolument rendre un châle que tu as emprunté, ou tu avais promis de faire un bridge ce soir mais chez qui ?

Peu importe, Gea s'en fiche.

Un mouton solitaire la fixe du haut d'un monticule de pierres étrusques ou romaines, et Gea se rappelle (voilà, c'était ça ?) une route très étroite dans le nord pelé de l'Écosse et un agnelet noir qui bêlait à côté de la carcasse de sa mère écrasée par une voiture, et elle se rappelle avoir pensé, alors (il y a trois ans, ou cinq peut-être ?) : la vie est quelque chose d'absolument atroce, intolérable absolument.

Qui sait si maintenant, avec les ordinateurs, on réussirait à établir combien de douleur, combien de peine il y a chaque jour dans le monde ? Tant, pour un poisson pris à l'hameçon ; tant, pour un adieu à l'aéroport de Los Angeles ; tant, pour une tumeur au sein ; tant, pour une assiette cassée, les plus petites choses, une brûlure, une bombe dans un cinéma, un match de basket perdu dans un village tchèque. Peut-être le calcul a-t-il déjà été fait et garde-t-on secrets les résultats. Seuls le savent le président des États-Unis, le Politburo, le pape, la maîtresse du rédacteur en chef du *Spiegel* et un professeur myope qui travaille la terre dans un kibboutz. Ils ne parleront pas, ils ne le révéleront jamais ; mais beaucoup ont des soupçons, cherchent à savoir, il y a eu des crimes étranges, des enlèvements inexplicables, des actes de terrorisme apparemment dénués de sens, et l'on murmure dans certains milieux, on plaisante même, sur cette effrayante extrapolation, sur cet ordinateur de la souffrance universelle.

Giovannino Valdo fait irruption dans le cirque, il est poilu, musclé et grêlé, comme ne le sont pas les gardes du corps chargés d'empêcher qu'on l'enlève, et il a tout à fait l'air d'un mari jaloux à la recherche de sa femme.

C'est le cas, d'ailleurs, et l'on dit que s'il a des gorilles, c'est surtout pour la surveiller, elle ; il choisit dans ce but d'anciens carabiniers ayant passé la cinquantaine, portant lunettes, au souffle court, pour ne pas courir de risques au moins de leur côté.

L'air féroce, il scrute dans ma direction, mettant sa main en visière, et finalement me reconnaît à contrecœur (il aurait tant aimé trouver Beba en méditation solitaire). Il s'approche, d'un pas décidé.

— As-tu vu Beba ?

— Non.

Ses petits yeux intelligents évaluent mon degré d'hypocrisie.

— Tu es pâle. Tu ne te sens pas bien ?

Pâleur = mensonge.

— Non, je suis seulement un peu fatiguée, j'ai eu une matinée difficile.

— Ah.

Fatigue = adultère consommé.

« Écoute, si tu la vois, dis-lui que tu m'as vu, il faut que nous redescendions tous, on s'en va.

Il s'engouffre en courant dans un autre des passages souterrains, espérant et craignant surprendre Beba dans une étreinte à *opus pornographicum*.

De la galerie opposée, débouche dans l'arène Ascanio, qui a abandonné le rôle du photographe pour celui du berger : Fabrizia doit l'avoir expédié jusqu'ici pour rassembler le troupeau ; après divers appels, gesticulations et signaux, nous nous rangeons peu à peu les uns derrière les autres, tournant de temps en temps la tête en arrière avec la sensation, un simple souffle sur la peau, d'avoir oublié une chose d'importance vitale, de ne pas avoir su voir l'essentiel : toutes les ruines produisent cet effet.

— Les Étrusques, remarque Micheletti, avaient un sens aigu de la mort.

— De la fornication aussi, rétorque Ascanio, qui évoque complaisamment les fresques de certaines tombes, certaines positions bizarres. Ah, mais la fornication étrusque avait un tout autre sens, elle était hautement religieuse, délicieusement sacrée.

« Avec une telle religion, conclut Ascanio en fixant son regard sur le postérieur soyeux de la mûlatresse, j'irais à la messe à six heures tous les matins.

Le marquis et Gabriele ricanent.

Je reste en arrière pour ne pas entendre leurs inévitables digressions sur l'érotisme, la pornographie, le sexe, la morale, le féminisme et caetera, auxquelles moi-même j'ai si souvent participé avec une fougueuse futilité. Derrière moi, descendent Giorgio et ses cinéastes, ils parlent du Palio de Sienne, où il est admis qu'on soudoie les quartiers rivaux, cela fait partie du jeu, et au départ on voit les jockeys s'écarter tout en caracolant, comploter à coups de gestes secs codifiés, échanger des offres portant sur plusieurs millions, faire des promesses d'alliance en course.

Étant donné que chacun soudoie chacun, conclut Giorgio, finalement ça ne change rien : *ça revient au même* *.

Les deux cinéastes admirent la cynique sagesse des Toscans.

— *C'est curieux* *, observe l'un d'eux : le taoïsme à sa façon tourne autour d'un concept analogue, consi-

* En français dans le texte.

dérant comme illusoire tout avantage sur les autres, et stupide toute démarche entreprise pour l'obtenir. *C'est curieux* * que deux civilisations aussi éloignées, par des voies aussi différentes...

L'envie mortelle que j'ai toujours éprouvée pour les gens capables de tenir des propos de ce genre, de faire ces rapprochements subtils, de sautiller avec la grâce d'une fauvette sur les prés de la culture. Moi, je me suis toujours sentie gauche. Gauche et bien entendu ignorante. Mais même si j'avais lu des bibliothèques entières, vu tous les films, les monuments, les musées et les tragédies en cinq actes, ça ne me servirait à rien, avec la mémoire que j'ai.

Haendel ! Pas de Haydn : de Haendel ! Le *Tamerlan,* je veux dire. Voilà ce qui me tourmente depuis une heure, voilà pourquoi mon subconscient se donnait tant de mal. Reconnaissante, je lui caresse les cheveux, je descends rapidement, orgueilleuse comme de l'eau fraîche, me faufilant entre des groupes en sueur qui montent, le sentier est en grande partie dans l'ombre, encaissé dans le tuf, mais ici en été il ne pleut jamais, la touffeur d'aujourd'hui s'ajoute à celle d'hier en couches qu'on peut presque voir.

Nous descendons dans la petite clairière où les voitures sont garées pêle-mêle, et moi je ne vois plus la mienne.

Voilà, bon, c'était ça : j'ai oublié les clefs sur le tableau de bord et on me l'a volée. La chose, c'était ça.

* En français dans le texte.

Détresse, pendant que tous les autres s'interpellent dans le plus grand désordre — Alors tu vas avec eux, moi je vais avec lui, nous nous allons avec elle, vous vous venez avec moi, mais alors ils n'allaient pas avec toi ?

La Rolls est déjà repartie ; et moi, retrouvant un minimum de lucidité, je reconstitue ce qui pourrait bien s'être produit : Raffaele, bloqué par mon break, l'aura déplacé quelque part. Je me faufile dans la poussière des marches arrière, j'évite des roues, des pare-chocs, des ailes, des phares, des feux, je n'écoute pas ce que l'on me dit, je ne m'inquiète pas de ce que je ferai si je ne retrouve pas l'auto.

Je trouve, appuyé à un haut genêt, un vélo de course, la selle pointue comme le museau d'une taupe, le guidon prêt à charger comme un bélier, et du maquis surgit un vieil homme en survêtement, en train de remonter ses pantalons. Il ouvre tout grands ses yeux stupéfaits. Nous nous fixons un instant, il a des yeux bleus, des cheveux courts, blancs, un visage cuit par le soleil, et je suis tellement hors de moi que me voici sur le point de lui demander : Écoutez, excusez-moi, n'avez-vous pas vu ma voiture ? Qu'est-ce qu'il en sait, lui, il a pédalé jusqu'ici pour maigrir, pour transpirer, pour s'occuper, c'est peut-être un ancien coureur, un ex-champion de la pédale, et caetera.

J'erre comme une âme en peine.

Alors que je m'apprête à tout plaquer, à renoncer, à m'accroupir résignée dans les orties, je découvre mon vieux break, jamais lavé : il était pratiquement sous mon nez, c'est-à-dire sous un de ces oliviers dont Micheletti ne manque jamais de proclamer que ce sont des « sculptures naturelles ».

Je saute dans le break en poussant un râle de joie · la clef est là.

Explosion de soupirs de soulagement, suivie de petits rires névrotiques.

Après quoi, soyons sérieux, tu fermes les yeux et commences à te dire qu'aujourd'hui vraiment quelque chose ne va pas, tu es trop agitée, trop irritable, tu es en train de faire une montagne d'une série de contretemps tout à fait normaux.

Raisonner. Reconstituer.

Tout d'abord, vérifier que le bracelet n'a pas, par hasard, glissé sous le tapis ou entre les deux sièges.

Non, rien.

Puis mettre les lunettes de soleil, laissées là avec le chapeau.

Ni les unes ni l'autre n'y sont : ça, c'est sûrement un vol, une fenêtre ouverte est une invitation pour les guêpes et les voleurs occasionnels, patience, c'est bien ta faute, même si ce crétin, ce bon à rien de Raffaele aurait pu surveiller d'un œil, qu'est-ce que ça lui coûtait ?

Jette, au moins, toi, un coup d'œil dans le rétroviseur, tu dois être dans un état, allons bon, tes mains tremblent encore, tu ne réussis même pas à le placer dans la bonne position, l'angle est toujours mauvais, mieux vaut te glisser sur le siège à côté, tu abaisses le pare-soleil, il y a un autre miroir incorporé à son dos : à ce moment, du coin de l'œil, tu vois un fantôme assis au volant.

Ça va comme ça, il y a des limites, vraiment.

Je hurle. En silence, parfaitement. Mais je hurle.

Je vois les constellations se désagréger, les atomes cesser de faire ce qu'ils devraient faire, toute l'histoire (la chose ?) ne tient plus debout, ne se tient plus, j'ai oublié de chercher les Janner, de saluer Obo, de passer prendre les Anglais, de mettre la glace au coco dans le réfrigérateur, de faire descendre les enfants du chêne, de rejoindre les autres à Pienza dans cette *trattoria* où l'on mange merveilleusement pour presque rien, chez Guccio qui nous attend tous dans sa ferme du Val di Chiana, chez Margaret qui nous attend tous dans sa tour antisarrasine, antiflorentine, près de Volterra.

La vie est naturellement inexacte, mais cette fois-ci il y a trop de manques, trop d'approximations, trop de fragments épars : le chaos, le bordel sans nom.

Pelotonnée à côté du spectre, je hurle.

Lui fait jouer tranquillement la clef, et le moteur tourne régulièrement.

La crise s'est arrêtée d'un coup :

— But this is my car !

Au moment même où je le crie, je comprends que ce n'est pas du tout ma voiture, mais une autre du même modèle, et de la même couleur bleue, et un instant après je comprends pourquoi j'ai parlé anglais : le spectre est l'un des deux cinéastes de Giorgio, c'est bon, j'aurais dû m'adresser à lui en allemand ou en français, mais en somme ce n'est pas si mal pour quelqu'un qui en est au point où tu en es.

Voilà ce qui sera arrivé. Ton break gênait, et celui qui l'a déplacé y a ensuite fait monter d'autres gens, laissant à ce type le soin de te récupérer. Tout est normal, tout est simple, tout est en ordre, et toi à présent tu ris (en silence toujours) de ton erreur, due en grande partie au fait que ce garçon est vêtu, comme toi, entièrement de blanc vaporeux et transparent et qu'il a quelque chose de languide, d'éthéré : comme tout ami de Giorgio, natürlich. Il conduit sans dire un mot, d'une seule main, et en souriant tout seul, t'épargnant ainsi de faire la conversation, dans l'état où tu es tu ne pourrais même pas parler en italien, émue et honteuse comme tu te sens encore.

Des kilomètres et des kilomètres d'oliviers, de ciel chromé, de cyprès alignés sur les arêtes des collines, et toi finalement tu te rejettes en arrière, tu laisses tout doucement couler loin de toi les innombrables imprécisions du monde.

Il manque toujours quelque chose, rien jamais ne semble aller comme il devrait, mais sais-tu ce que je te dis *mon cher* *, mein Lieber ? Gea s'en fiche, Gea prend ses distances, Gea commence même à s'amuser, son vieux sens de l'humour fonctionne encore, voyons un peu comment va tourner cette toupie de journée tout à fait folle, tout à fait ordinaire, qui s'est jetée dans ses jambes, dans ce qu'en laisse deviner l'étoffe lâche de coton indien.

L'air qui pénètre par la portière est torride mais bienvenu, jamais trop chaud pour moi, même si je ne voudrais pas être sur la colline ocre, là-bas, ces trois, non, quatre cavaliers en file indienne, qui doivent

* En français dans le texte.

crever, les malheureux, ces promenades à cheval finissent régulièrement ainsi, on jure de partir à l'aube et de rentrer à dix heures, et au lieu de cela, à la suite de retards et d'erreurs de route, tu te retrouves sous le soleil le plus écrasant, l'estomac vide, en train de peupler un fond de fresques à demi effacées, du Bartolomeo di Tomaso, Lorentino d'Arezzo, Deodato di Bicci, Baccio da Settignano, c'est un mystère comment Giorgio fait pour se rappeler et distinguer ces peintres : toi, ignorante, tu arrives au grand maximum à Raphaël, à Botticelli.

Un ralentissement. Un carrefour. Un second ralentissement. Un second carrefour avec bar-glaces-tabac. Les flèches suggèrent d'autres noms d'artistes, écaillés et tachés d'humidité : Arcidosso, Buonconvento, Poggiolungo, Montalcino, San Quirico d'Orcia.

C'est là, à présent, je m'en souviens, c'est là qu'on va, c'est là que se trouve cette fameuse trattoria dont la tonnelle surplombe spectaculairement la vallée.

La Rolls domine la petite place devant la trattoria, mais parmi les voitures du groupe je ne vois pas la mienne : sans doute l'auront-ils garée dans l'une des pittoresques ruelles moyenâgeuses qui convergent là. Le beau taciturne s'arrête, me fait descendre, va chercher une place, moi je traverse un essaim de serveurs abrutis et j'arrive sur la terrasse si richement fleurie, bondée de masticateurs.

Ippolita me fixe du haut de son long cou nu.

Un instant tout s'évanouit, le cliquetis des assiettes s'éteint, verres et couverts demeurent suspendus en l'air, l'eau et le vin cessent de couler des bouteilles.

Un instant. Elle n'ébauche même pas un salut, et toi non plus.

Un instant, puis des denses tablées recommencent à monter rires et vociférations, et tu découvres avec une mélancolie inattendue que plus rien ne t'importe, rien, la plaie s'est définitivement refermée, l'impardonnable trahison (impardonnable, parce que tellement banale, tellement... bureaucratique) de ton mari avec ta meilleure amie te paraît plus lointaine que ce clocher qu'on aperçoit entre deux collines, là-bas.

Pas une chaise libre, personne n'a pensé à t'en garder une, et tous sont tellement occupés à échanger des impressions sur le jambon de sanglier ou la soupe paysanne, des avis sur les croûtons rôtis, des renseignements sur le lapin aux olives ou les *tortelli** aux épinards, à troquer des idées, à se passer le sel et le pain, à prendre la décision d'abandonner pour cette fois leur régime, à regretter de ne pas avoir choisi les pâtes à la *ricotta***, tous prennent tellement à cœur leurs affaires physiologiques, que pas un bras ne se lève pour te faire signe, pas un derrière pour te faire place ; si ce n'était que tu n'as absolument pas faim, la chose serait franchement difficile à avaler, franchement mufle.

— Le fromage de Pienza, dit Micheletti tout en tournant le dos aux dévoreurs, est le meilleur de toute la Toscane.

Sur la vitre de la porte est collée une affiche annonçant un concert de Gazzelloni, par-dessus

* Variété de ravioli.
** Fromage très voisin du sérac.

laquelle tu aperçois un visage effectivement blême, effectivement maladif, il suffit de trois jours pour faire partir la couleur, question de peau, heureusement que cette dent se tient tranquille enfin.

Pienza est, ne l'oublions pas, aussi un joyau du baroque tardif, early Victorian, gothico-étrusque, une ville que fit construire Enea Silvio Piccolomini, humaniste, romancier, metteur en scène et pape, dans laquelle tu déambules en admirant façades et cours solennelles, ombragées, où stationnent des petites voitures autochtones et des bandes de touristes barbares : clic clic clic. De féroces animaux de pierre s'enlacent depuis des siècles devant le porche de la cathédrale, basilique et collégiale, tandis que sur les marches montent et descendent des enfants blonds comme on n'en fait pas. Ont-ils bu ? Mangé ?

— Kommt herunter ! crie une Allemande au pair. Kommt sofort herunter !

Assise sur un banc, dans la nef claire et dépouillée (seul s'y trouve un triptyque de Pietro di Sano, Fredi di Bartolo, Andreuccio di Lapo), Gea se rappelle une Gaélique au pair, du nord de l'Écosse, une fille qui mesurait un mètre quatre-vingt-cinq, gigantesque, un himalaya de paresse, d'inefficacité et d'hystérie larmoyante, Fiona, elle s'appelait Fiona, et une fois que, comme d'habitude, elle sortait de son bain après des heures et des heures, pomponnée et souriante pour son jour de liberté, Gea se souvient d'avoir pensé (une révélation, une intuition aveuglante, mais de quoi ?) : c'est bien ça, pour Fiona, pour la pauvre, lourde, pustuleuse, ridicule Fiona, il n'y a rien au monde de plus important que Fiona elle-même, tout incroyable, tout fantastique que ce soit.

Dans la travée de gauche gît en son armure de marbre Henri de Nassau, mort de la peste à San Quirico d'Orcia, alors qu'il s'en revenait de Rome. Lit 718, oh Gott.

Voici venir les autres, pleins de calories, de sucs gastriques, des fragments de lapin entre les dents, leurs voix amplifiées par les arcs et les voûtes.

— *Il faut absolument voir San Galgano* *.

— Sant'Antimo : la plus belle église de toute la Toscane.

— *Vous connaissez Vézelay* * ?

— Ne me dis pas que tu n'es jamais allée à Monte Oliveto !

La beauté, la perfection, le chef-d'œuvre absolu sont toujours ailleurs, à quelques kilomètres, juste après cette fourche, passé ce virage en descente.

Du maître-autel, Guccio regarde intensément vers moi, il hésite, s'avance, s'arrête de nouveau, perplexe, puis laisse paraître un large sourire.

— C'est bien toi !

— A ce qu'il semble.

Grisonnant, il se penche pour me baiser la main avec suavité et s'assied sur mon banc.

— Je ne te reconnaissais pas ; tu as laissé pousser tes cheveux.

Il les effleure.

— Oui.

— Tu es vraiment superbe ; ce mauve est d'une douceur…

* En français dans le texte.

Il soulève entre pouce et index un pan de ma manche, tandis que, moi, je hausse les épaules.

— Je l'ai acheté à un marocain *.

— Une véritable caresse...

Il me frôle le bras. Aucune sensation.

Aussitôt après la grande rupture avec Roby, nous avons passé ensemble une semaine à Londres : mais Guccio est un de ces hommes qui disent toujours toutes les choses qu'une femme rêve de s'entendre dire, et dont au fond elle a honte. Dès le quatrième jour, il s'était établi entre nous une irréalité totale, j'avais l'impression de coucher avec le journal que je tenais à quatorze ans.

« Je ne savais pas que tu étais là, toi aussi ; je ne t'ai pas vue avec les autres.

— Je suis arrivée en retard, il y a eu tout un embrouillamini, puis je n'avais pas faim.

— Je te trouve très, comment dire... très énigmatique, très troublante.

Ce n'est pas qu'il fasse des compliments, il dit la vérité, il est toujours sincère, toujours de bonne foi, c'est même au fond l'ennui. Mais, comme autrefois, il est reposant de se laisser aller, de s'abandonner sur ce moelleux coussin de sollicitude, de sortir avec lui dans la lumière qui s'est entre-temps adoucie, de confier à ses belles mains la tâche d'éclaircir et de résoudre le problème de la voiture, de marcher jusqu'à la sienne entre des murs de miel, de se laisser ouvrir la portière, de s'asseoir dans une odeur de cuir et de tabac.

Sur le siège arrière, il y a déjà Klaus Janner qui

* Il s'agit ici de vendeurs de rue ou de marché.

fume un cigare et qui s'est installé là par hasard, ou à la suite de qui sait quelle intervention tactique de Fabrizia. Tu devais lui dire quelque chose, mais c'est sans importance. Tu t'aperçois que de toute la journée tu n'as pas fumé une seule cigarette, mais tu n'en as pas envie, même à présent. Du coin de l'œil, tu remarques Malvina qui monte dans une voiture conduite par Ippolita, Giorgio qui passe de l'auto des Berluschi à la Rolls des Valdo, Micheletti qui poursuit la Range Rover d'Ascanio, puis tu te retrouves au milieu des collines et des champs quadrillés de brun ou d'or, parmi les cyprès, les oliviers, les haies de lauriers-roses.

Un carrefour, une ferme abandonnée, à la cour envahie par les mauvaises herbes. Un autre carrefour, avec un cimetière de voitures, de la ferraille qui semble devenue de la cire molle, comme sur certains tableaux. Tu as déjà eu cette pensée, tu as déjà regardé le vieillard en survêtement, à côté de son vélo de course, tu as déjà vu ces moutons éparpillés parmi les genêts, tu as déjà entendu Klaus et Guccio discuter du communisme.

— Moi je te comprends pas, comment tu peux être communiste, toi, je saisis pas.

— C'est qu'en Italie le communisme...

— Communisme le même partout, en Russie, en Allemagne de l'Est, à Cuba, en Bulgarie. D'abord grandes promesses, plans ambitieux, hein ? Ensuite, plan fonctionne pas, alors lui cherche des traîtres, hein ? cherche des ennemis du peuple, vient chez Guccio, et Guccio couic...

Avec son cigare, il a fait le geste de se couper la gorge.

Guccio rit, à l'égard du communisme aussi il sait avoir un comportement prévenant, galant, il l'inviterait à dîner dans sa villa au fameux jardin mauresque, et il lui dirait : Tu es beau, tu es fort, tu es intelligent, tu es juste, ce rouge te va admirablement, ton plan est d'un chic.

— Le point fondamental, c'est qu'en Italie il y a encore trop de pauvres, trop de différences de...

— Où sont le pauvre ? Moi, je vais restaurant, toujours plein, plages pleines, belles boutiques toujours pleines, le monde tout très bien habillé, mon jardinier a deux voitures, hein ? moi, je trouve pas maçon pour petits travaux, rien, ça l'intéresse pas, lui, trop riche, tu m'expliques le ça, hein ? où sont le pauvre ? au musée ?

Les vacances italiennes de Klaus sécrètent l'indignation, l'amer soupçon que tout son travail, et celui de ses compatriotes allemands, pourrait bien être écrémé par nous, cigales rusées de l'Europe. Guccio rit gentiment, il parle d'émigrants, de terres abandonnées, d'usines fermées ; Klaus fume, l'air sarcastique, il parle de grèves, d'absentéisme, d'impôts.

Des discours immuables, comme le paysage. Le soleil décline, de longues franges d'eau tournent mécaniquement et arrosent les champs cultivés, des collines bleutées ferment de tous côtés l'horizon, condescendant à s'abaisser peu à peu jusqu'à ces mamelons terreux où les Étrusques creusaient leurs nécropoles. Toujours sur les hauteurs.

Tout semble avoir déjà été dit, pensé, vu, ces quatre cavaliers qui avancent, là-bas, en se découpant sur le ciel, sont peut-être les mêmes que tout à l'heure, ils auront traversé des siècles de Toscane pour venir voir le *Tamerlan* de Haendel.

Sous Montepulciano, arrêt général, et débat hystérique à coups de klaxon pour décider si l'on doit ou ne doit pas visiter aussi l'église de San Biagio, puisque nous y sommes, un joyau de l'architecture Renaissance, œuvre du Politien, du Sangallo, du Sodoma, du Micheletti.

Pour finir, non, il est trop tard, mieux vaut aller s'occuper des billets et voir un peu où l'on pourrait manger (encore une fois !) après le théâtre.

Je descends avec Klaus tandis que Guccio va chercher où se garer (encore une fois !), et je commence à remonter la grand-rue vers la partie haute de la ville, là se trouvent la cathédrale et la place où se donnent les représentations musicales en plein air. Entre les palais à moitié éclairés, rouges comme des abricots mûrs, et à moitié dans l'ombre, cendreux comme des grilles de cheminée, va et vient la foule vaguement excitée des festivals, en robes longues ou courtes, en pantalons, en chemises, avec ou sans bijoux, avec ou sans châle, mantille, poncho, cardigan. Des vieilles édentées et des boutiquiers pâles assistent au défilé ; des motocyclettes serpentent en pétaradant parmi les envahisseurs.

Toi aussi, à ce que te dit ton reflet dans une vitrine pleine de formes de fromage (le meilleur de toute la Toscane), toi aussi tu es pâle, décidément, et décolorée, tu n'as pas mangé depuis le Moyen Âge, et cette journée d'émotions, de transbordements, commence à se lire sur ton visage, sans compter que ce mauve, qui d'ailleurs est pratiquement violet, ne t'arrange pas, c'est une couleur qui te va bien seulement quand tu es au mieux de ta forme, l'ennui c'est que tu as laissé ton sac à main dans la voiture de Guccio, ou peut-être dans celle du cinéaste, ça fait depuis la Renaissance que tu ne fumes pas et que tu ne t'es pas remis de rouge à lèvres, Dieu sait si tu en aurais besoin, à l'heure qu'il est.

Patience, peu importe, Gea marche sans effort, elle voit le soleil tour à tour abandonner la plus haute rangée de fenêtres, s'arrêter un instant sur les toits de l'interminable rue, disparaître. La place de la cathédrale est déjà tout entière dans l'ombre et Gea frissonne. Sur des gradins en bois dressés autour de la scène en plein air, des enfants blonds comme on n'en fait pas montent et descendent en courant sans jamais s'arrêter. S'ils tombaient, s'ils allaient se faire mal ?

— Oh, hello !

Gea reste pétrifiée, la journée, l'univers semblent se retourner sur eux-mêmes comme si le cours des choses défilait à l'envers.

Oh you, oh yes, oh well, oh dear !

Ce sont eux, oui, les Anglais de ce matin, plus les deux autres, les amateurs de courgettes, l'équipage du *Rasselas II* au complet, et Gea se sent défaillir, elle se débat, claque des dents, c'est un doute effroyable, un soupçon glacial qui court dans ses veines.

Qu'as-tu fait, qu'as-tu compris, qu'as-tu oublié, qu'est-il arrivé ?

Fabrizia arrive, énergique.

— Gea, mais où étais-tu passée ? Tu disparais

toute la journée, tu y es et tu n'y es pas, mais qu'est-ce que tu fais, qu'est-ce qui t'arrive ?

Une erreur, une méprise, une distorsion fatale est sur le point d'être révélée, une vérité trop longtemps étouffée va jaillir, et changer tout le sens de ces heures rafistolées, étrangement fluides.

— Gazzelloni, balbutie Gea.

Oh yes, oh indeed, oh my goodness, oh noooo !

C'est ça. Les Anglais ont découvert par hasard, au dernier moment, que ce soir Gazzelloni jouait sur la place de Montepulciano, et pas sur celle de Massa Marittima, il a dû y avoir un quiproquo, un changement de programme, une confusion de dates, une erreur d'organisation. Mais *Tamerlan,* alors, où diable le donne-t-on ?

— *Tamerlan,* expliquent, l'air supérieur, les Anglais, on le donne dans les ruines d'un couvent, à Batignano, à deux pas des ruines de Roselle.

Non, mais c'est impossible, ce n'est pas vrai, je ne peux pas le croire, *ça n'existe pas* *.

C'est seulement maintenant que tous ont l'impression de l'avoir su, pensé, lu sur les affiches jaunes répandues dans chaque village tout au long du trajet, à chaque carrefour, tant et si bien que je me suis dit, que j'ai dit à Beba, que je me suis demandé avec Ascanio...

— Nous sommes en Italie, fait remarquer Micheletti avec un sourire philosophe.

L'Italie des chefs-d'œuvre absolus et des bordels tout aussi absolus.

Fabrizia est atterrée, comme l'amiral battu par

* En français dans le texte.

Nelson à Trafalgar, mais elle se reprend, indomptée, consulte le ciel, sa montre, tout n'est pas perdu, Haendel expects that every man will do his duty, vite, vite, on peut encore arriver à temps, allons, secouons-nous, retournons en courant aux voitures, sautons-y pêle-mêle, écrasons l'accélérateur, la nuit n'est pas encore tombée, Tamerlan chevauche encore sur de lointaines plages violettes.

Guccio et ses compagnons d'armes font retraite vers leurs territoires, Ippolita et son groupe resteront pour Gazzelloni, il se crée un réseau d'au revoir, d'invitations, de promesses de se retrouver que Fabrizia interrompt, résolue, vite, vite, descendons, kommt sofort herunter.

De son coin dans la voiture (de qui ?), Gea voit la première étoile, les premiers phares qui surgissent des virages en S, et elle a une crampe d'inquiétude, une aiguille chauffée à blanc transperce fatigue et amnésie, ici quelqu'un roule trop vite, ici on peut perdre le contrôle, faire une embardée, se tuer contre une sculpture, contre un olivier. En fait, tu t'en soucies et tu ne t'en soucies pas, tu y es et tu n'y es pas, quelque chose s'éclaircit, quelque chose est en train de se décanter, personne n'ouvre la bouche dans la voiture qui ronfle et crisse, tous doivent avoir comme toi une grande envie d'aller dormir, de laisser tomber, d'abandonner.

Gea se pelotonne, elle a un peu froid, elle se console en pensant que du moins il n'y a plus le tourment du soleil.

Virages, carrefours, flèches phosphorescentes, chenilles de feux rouges dans les lignes droites, de nombres qui décroissent sur les panneaux indicateurs, Batignano est proche, Batignano c'est ce groupe de lumières sur la colline, là, le grand roi tartare ou étrusque descend de cheval et s'enfonce dans les couloirs de son lugubre palais.

Juste à temps.

Tous se précipitent hors des voitures comme des fourmis sous une inondation, embouteillant le cloître en ruine du vieux couvent tandis que s'élèvent déjà les premiers accords des violoncelles et des violes. Par là, non, par ici, non, là-bas au fond des arcades, vite, vite, on commence !

Deux filles décoiffées, derrière un guéridon, te laissent passer, Fabrizia doit avoir pris les billets pour tout le monde, et après une porte, un couloir, une petite salle, une autre porte, voici enfin les rangées de chaises branlantes entre deux murs décrépits, la voûte étoilée, l'échafaudage de tubes et de gradins adossé au couvent et éclairé par de puissants projecteurs.

Un petit orchestre de jeunes femmes, vêtues comme toi de mousseline de soie noire, accompagne le chant d'une fillette et d'un vieillard enchaînés. Qui sont-ils ? Qu'arrive-t-il ? Briquets et allumettes s'efforcent d'éclairer le programme en trois langues, des chuchotements explicatifs courent de Giorgio à Malvina, à Obo, à Beba, à Berluschi.

Personne ne t'explique rien, personne ne se tourne vers toi qui te tiens seule dans la rangée de derrière, mais ton intérêt a faibli, de toute façon, il est tombé, peu t'importe cette autre histoire, cette autre intrigue, cette autre combinaison de sentiments et de destins, toute énigme en vaut une autre, *ça revient au même* *.

Il fait froid, décidément.

Une voix très aiguë, de fausset, tombe du ciel.

Tous lèvent la tête.

Au sommet d'une tour, faite de tubes maintenus ensemble par de gros boulons, vient d'apparaître Tamerlan : magnifique, terrible dans son grand manteau royal de damas, avec son casque à longues cornes recourbées et ses longues moustaches tombantes.

C'est lui, la voix de fausset.

— Non mais qu'est-ce que c'est que ça ? explose Berluschi. Mais c'est une femme !

— Chut !

— Mais ils se foutent de notre gueule, il faut être cinglé pour faire chanter un rôle d'homme par une femme ! Je fais trois cents kilomètres, et ils n'ont même pas une basse, un baryton ici ? Ça ressemble à quoi ?

Des renseignements historiques courent le long de la rangée, le chant est celui d'un ténor qui imite une voix de haute-contre, du temps de Haendel c'étaient des hautes-contre qui chantaient ces rôles, tu as compris, ignare, c'étaient des castrats, on les castrait exprès, tu ne sais pas ça ?

Un rire incoercible secoue Berluschi, se propage à Valdo, Beba, Klaus, Micheletti, Gabriele, agite tous les dos qui se trouvent devant Gea.

— Un castrat ! C'est pour ça qu'il a des cornes ?

* En français dans le texte.

Là, le fil se casse sans bruit.

Là, Gea se lève, là, elle s'esquive.

Ce n'est pas la bêtise qui la chasse : elle-même, que de fois elle a ri de fadaises comme celle-là ! Ce n'est pas l'ignorance : elle aussi ne sait que peu ou rien de Haendel, des hautes-contre, de Tamerlan. Mais il y a dans cette vague de rires une chose que Gea ne partage plus, n'a plus, qu'elle a perdue en un point mystérieux de cette journée : peut-être en revoyant Ippolita, ou Guccio, ou en contemplant le tombeau d'Henri de Nassau, ou en pensant à son mari, à Fiona, ou en enviant la trop belle mulâtresse verte, ou quand sa voiture a disparu dans la clairière sous les murs cyclopéens.

Elle la retrouve à présent, parmi les grillons, qui ici, au pied du couvent, chantent plus fort que Tamerlan, et elle se retrouve elle-même au volant, tenaillée par la hâte, par l'angoisse de conclure, par quelque chose qui la pousse ou l'aspire vers l'ordre naturel des choses.

Elle a des réflexes vifs, aisés, tandis qu'elle roule et descend la colline, en elle croît un sentiment de soulagement, comme si un effort immense, une tentative gigantesque et impossible était sur le point de s'achever, comme si un poids allait être retiré de ses mains qui serrent le volant.

Au soleil, qui est remonté dans un ciel chromé, Gea oppose ses lunettes noires et le bord de son chapeau de paille, son sac est sur le siège à côté d'elle avec les cigarettes et le rouge à lèvres.

A la sortie d'un mauvais virage en descente, un

mouton solitaire lui coupe la route en trottinant. Oh yes, oh God, c'était le point, la « chose » insaisissable. Il y a d'autres voitures qui viennent vers elle, il y a un panneau publicitaire avec quatre cavaliers à contre-jour, elle entrevoit du coin de l'œil un vieux cycliste en survêtement, immobile, effaré à côté de son vélo de course, il y a un olivier qui se précipite à sa rencontre en diagonale à une vitesse folle, avec son tronc tordu, noueux, sculpté.

Tout se recompose, tout s'explique en un foudroyant, spasmodique replay. Gea freine, en écrasant le talon de sa sandale, elle ferme les yeux, mais elle n'ignore plus, ne censure plus, et la dernière chose dont elle a conscience, c'est le bracelet d'argent incrusté d'émail jamais réparé, qui s'ouvre et glisse de son poignet, introuvable entre les tôles du break bleu.

III

Fruttero & Lucentini

La couleur du destin

Traduit par
Simone Darses

1

A peine visibles dans l'aube encore incertaine, des oiseaux venant du sud-est survolent Milano Certosa et le péage de Pero, dépassent Rho, continuent rapides vers Busto et Gallarate.

Mais, le long du cours brumeux et enfumé de l'Olona, le vol ne reste pas compact. De petits groupes et des individus isolés se détachent de temps à autre à droitc, coupant en diagonale la nationale 33 et l'autoroute de Varèse.

D'autres par contre s'écartent vers la gauche, au-dessus des usines et des hauts immeubles qui bordent la voie ferrée de Vanzago-Pogliano à Parabiago, Canegrate, Legnano.

En voici un justement, encore caché par le brouillard, qui commence à dévier de ce côté. En voilà deux autres qui le suivent. Dans quelques instants, les trois oiseaux déboucheront de l'est dans le champ d'observation d'un homme déjà habillé et prêt à sortir, qui de la fenêtre d'un huitième étagc cherche à se rendre compte du temps qu'il fait.

— Est-ce qu'il pleut ? demande du lit une voix de femme.

— Pour le moment, non, dit l'homme, un certain Inzaghi. Du moins ça n'en a pas l'air.

Le problème en tout cas ne concerne pas le parapluie, qui est pliant et déjà dans la serviette, avec le paquet de cigarettes de réserve et le journal à feuilleter dans le train. L'hésitation d'Inzaghi, en ce début de décembre moins froid que pluvieux, est plutôt entre imperméable et manteau. Le manteau serait sans doute plus confortable. Mais l'imperméable, pense-t-il, le protégerait mieux en cas d'averse, aussi bien maintenant que ce soir au retour. De chez lui à la gare de Canegrate, il y a un bon quart d'heure à pied.

C'est à ce moment que de l'est, entre les bancs de brouillard et les nuages dont on ne comprend pas encore s'ils sont hauts ou bas, légers ou lourds de pluie, apparaissent les trois oiseaux.

AVANT-COUREURS DE TEMPÊTE ?

La question est venue, textuelle et mécanique, à l'esprit de l'observateur, et elle y reste curieusement inscrite, comme en surimpression par-dessus la nuée, jusqu'à ce que les oiseaux aient traversé tout le champ visuel pour disparaître dans l'obscurité, vers l'ouest. Plutôt que d'une question, d'ailleurs, Inzaghi a eu l'impression d'un avertissement précis, d'un signal. Et c'est pourquoi, en passant dans l'antichambre, il enfile sans hésiter l'imperméable. Le pronostic ne semble pas moins fiable que les habituelles prévisions de la météo.

Mais pourquoi, repense-t-il dans l'ascenseur, « avant-coureurs » ? Ce n'est pas un mot à lui. Lui, il aurait plutôt dit « annonciateurs », ou alors « messagers ». « Avant-coureurs », il a dû le lire quelque part. A moins qu'il ne l'ait entendu à la télévision, bien que la télévision il la regarde très peu, et le soir, au besoin, il préfère...

Ah, mais justement, voilà : « Oiseaux avant-coureurs de tempête. » C'est une définition que l'on trouve dans les mots croisés. Sept lettres.

Toutefois, réfléchit-il une fois dans la rue (et en regrettant de ne pas avoir pris son manteau, car il fait plus froid qu'hier et il n'a pas du tout l'air de vouloir pleuvoir), qui lui dit que les trois oiseaux étaient des *pétrels* ? D'abord, ils étaient trop loin pour qu'on puisse les reconnaître, pense-t-il en traversant le large et dangereux carrefour devant l'immeuble. Et puis, doit-il admettre tandis qu'il continue vers la gare entre d'autres rangées de bâtiments, un fouillis de chantiers, de longues enceintes d'usines, et puis lui, de pétrels, il n'en a jamais vu, il ne sait même pas si ce sont des oiseaux de terre ou de mer. Il n'a pas la moindre idée de comment ils sont faits.

2

Réveillée par quoi, si le réveil — petit ectoplasme chiffré dans l'obscurité — n'a pas encore fait entendre son bourdonnement électronique ?

Il arrive souvent que les journées commencent ainsi, par une question. Mais il est rare que la réponse arrive si vite, si évidente.

C'était un train.

Ce train au sifflement déchirant, autour duquel le silence finit à peine de rassembler ses lambeaux, et qui tire ses derniers wagons comme un coupable s'esquivant sans se faire remarquer.

Mais déjà se pose une autre question : Que faire maintenant ?

Se lever, puisque de toute façon il ne manque que cinq minutes à l'heure du réveil.

Ensuite ?

Entrouvrir la fenêtre et aérer un peu la chambre pendant qu'on fait sa toilette.

Douche ou bain ?

Ni l'un ni l'autre. Cette salle de bains tout en longueur, qu'en ce moment un radiateur trop petit commence tout juste à dégeler, décourage le nu.

Couleur du dentifrice ?

Vert pâle comme la savonnette, la descente de bain et le rideau de nylon.

Déodorant. Peigne.

De quelle couleur les cheveux ?

Bruns, mais avec désormais une nette immigration de gris.

Crème pour « peaux fatiguées », achetée avec une remise de 20 % dans cette parfumerie de la Via Machiavelli.

Qui était Machiavelli ?

Un écrivain, auteur du *Prince.*

Jamais rêvé du Prince charmant ?

Non, si, peut-être, une fois, quelquefois, il y a si longtemps, comme toutes les filles à cet âge-là.

Jamais rencontré ?

Vous blaguez, et où donc ? j'ai toujours vécu avec

ma mère, une veuve éternellement malade de ceci ou de cela, morte de tout autre chose il y a deux ans.

Fille exemplaire ?

Fille patiente, prévenante et affectueuse, qui n'en pouvait plus de toutes ces questions, pourquoi sors-tu ? quand rentres-tu ? qu'est-ce que tu as fait au bureau aujourd'hui ? ma température a dû remonter, es-tu passée prendre mes analyses ? à qui téléphonais-tu ? quand m'apportes-tu mes céréales ?

Une vie de questions ?

Une vie d'accoutumance aux questions, toujours les mêmes, tous les soirs, du lundi au vendredi. Les mêmes aussi, le samedi et le dimanche toute la journée. A part ça, réveil chaque matin à la même heure, se laver, enfiler sa robe de chambre, petit déjeuner à la cuisine en écoutant la radio avant de prendre le train.

— Allô, allô, qui est en ligne ?

— C'est Claudia, de Rimini, révèle une voix lointaine, étouffée comme si elle venait de dessous les draps.

— Bonjour, Claudia, matinale toi aussi, hein ? Alors : Peux-tu me dire le nom de la capitale du Maroc ?

— Casablanca ! répond Claudia d'une voix aussi prompte que débile.

— Hé non, Claudia, ce n'est pas la bonne réponse, dit l'animateur sans se préoccuper d'atténuer ce ton éclatant, hilare, dont il expédie toutes les réponses, qu'elles soient justes ou erronées. Au suivant. Qui est en ligne ?

— Je suis Floriana, de Sestri Levante, dit une voix râpeuse.

— Salut, Floriana, alors dis-moi un peu : Qui est le compositeur de l'opéra *La Flûte enchantée* ?

— Comment ? demande Floriana pour gagner du temps.

— Qui est l'auteur, le musicien qui a écrit *La Flûte enchantée* ?

— P-r-uccini ? propose Floriana qui, dans le doute, se racle la gorge.

— Non, nous n'y sommes pas, Floriana, je regrette mais nous n'y sommes pas, dit l'animateur, commentant d'un ton jovial : Nous sommes toutes un peu endormies ce matin, ou quoi ?

Mais c'était Rabat ! C'était Mozart !

Un train siffle, assourdissant et familier comme une porte claquée. La maison est très près de la gare ; de la fenêtre du séjour on aperçoit de biais, au-delà d'un hangar, les faisceaux entrecroisés des rails qui brillent au soleil ou, par temps de pluie, se détachent bien nets sur le ballast et les traverses noircies.

Et toi qui es-tu, toi qui sais tout ?

Je suis Lina, de Milan, ou plus exactement de San Zenone Lambro, à vingt-cinq kilomètres à l'est de Milan.

Et pourquoi ne téléphones-tu jamais, pourquoi ne participes-tu pas toi aussi pour gagner des bons d'achat, des voyages en Tunisie, des appareils ménagers, des magnétoscopes ?

Lina hausse les épaules, ce n'est pas ça qui l'intéresse.

Quoi alors ?

Lina ne le sait pas exactement. Elle suit ces jeux de la radio et de la télé (de même que les devinettes, les tests épars dans les journaux et les revues) avec des sentiments variés. Le plus souvent avec indifférence, par habitude, pour passer le temps, par pure curiosité. Mais il y a des jours — comme aujourd'hui justement — où toutes ces questions semblent la regarder de plus près, ont une espèce de vibration particulière, s'adressent exclusivement à elle.

Une sorte de contrôle de ce qu'elle sait et de ce qu'elle ne sait pas ?

Peut-être. Mais parfois Lina a l'impression de ne rien savoir de rien. Il y a des millions, des milliards de questions auxquelles elle serait incapable de répondre. Une ignorante, eh bien tant pis, ce n'est pas grave.

En revanche, d'autres fois — comme justement aujourd'hui —, il lui semble avoir amassé au cours des années un nombre effarant de réponses, elle se sent à la hauteur de n'importe quelle question, d'où qu'elle vienne, quel qu'en soit l'objet, l'état des mers aujourd'hui (très agitées), les centimètres de neige tombés dans les Abruzzes (40), les morts dans l'explosion de la voiture piégée à Beyrouth (15, et 22 blessés), l'endroit où le président des États-Unis passe le week-end (Camp David), la limite des eaux territoriales de la...

Pourquoi as-tu éteint la radio ?

Lina, de Milan, ayant avalé sa troisième biscotte réduite en bouillie par immersion dans le café au lait, renonce à la quatrième et court laver sa tasse, refaire le lit, enfiler la même jupe qu'hier, le même chemisier, le même gilet gris portant encore l'insigne écologique bleu ciel que Gigliola y a épinglé contre versement d'une petite contribution à la cause. Coup de peigne, un rien de rouge, les lunettes, le sac, les clefs, six tours secs à la serrure de sûreté. Une hâte soudaine la pousse dans l'escalier.

3

LE TRAIN OMNIBUS 10229
EN PROVENANCE DE GALLARATE
ET À DESTINATION DE MILANO PORTA GARIBALDI
CIRCULE AVEC ENVIRON DIX MINUTES DE RETARD

a annoncé tout à l'heure le haut-parleur aux banlieusards de Canegrate qui attendent, transis de froid, sur le quai. A ce moment-là, en fait, le train ne circulait pas du tout. Il était et est encore à l'arrêt en gare de Legnano, à trois kilomètres de distance, à la suite d'une dépêche téléphonée « formule 7 » émanant du chef de la circulation de Canegrate :

TR. *10229* ATTENDRE A *Legnano*
MON AVIS DE VOIE LIBRE.

Un aiguillage bloqué empêchait en effet les trains venant de Gallarate, Busto, Legnano, de s'arrêter à Canegrate sur leur voie normale de réception. Mais maintenant l'aiguillage a pu être manœuvré à la main, puis fixé avec un boulon de calage. Il ne reste donc qu'à signaler que la voie est libre par une autre dépêche. Mais quelle est la formule prescrite ?

Selon le chef de la circulation, qui en discute depuis trois minutes avec le téléphoniste, c'est la 12 : du fait que la voie est libre non seulement pour le train actuellement arrêté à Legnano, mais aussi pour les trains suivants. Le téléphoniste soutient cependant que les autres trains n'ont rien à voir. A son avis, c'est la 13 qui convient :

VOIE LIBRE TR. $\frac{10229}{\text{------}}$.

Les préliminaires de la discussion ont échappé à Inzaghi, qui à présent seulement, ayant quitté la salle d'attente chauffée mais où il est interdit de fumer, est revenu sur le quai, où il fume appuyé à la porte vitrée du bureau Circulation. De l'intérieur, ne lui parviennent d'ailleurs que des mots sans suite et au sens vague comme « aiguilles prises de pointe... collationnement des dépêches... voie normale... », ne permettant pas de comprendre quelle serait la responsabilité que le téléphoniste se refuse d'assumer. A la fin, de toute façon, quand le chef appelle lui-même Legnano pour avertir avec la formule 12 :

ENVOYER LIBREMENT TRAINS

Inzaghi a l'impression qu'une décision impulsive, hasardeuse, vient d'être prise. Et la formule qui textuellement, mécaniquement, lui revient à l'esprit, est cette autre :

OISEAUX AVANT-COUREURS DE CATASTROPHE.

4

Lina sait qu'elle n'est pas en retard. Ce qui la presse, lui fait descendre les escaliers à la hâte, c'est une vague impulsion, une urgence confuse qui semble se préciser au moment où, dans la lumière grise de l'entrée, apparaît Risichiello, le vieux retraité du quatrième étage, qui vient d'aller promener son chien.

Il est là, immobile, et la fixe bouche bée.

Voilà, pense Lina en s'arrêtant elle aussi, maintenant il va me poser une question.

Elle attend, concentrée, préparée.

Mais Risichiello ne parle pas, il esquisse à peine un salut et commence à remonter l'escalier en tirant la laisse.

Alors ce sera quelqu'un à la gare ?

Lina regarde sur le quai à droite et à gauche. Elle connaît presque tous les autres abonnés qui attendent là, silencieux, fumant, lisant leur journal sportif. Personne n'a l'air de l'attendre, personne ne lui demande rien, sauf une femme jamais vue qui jette un coup d'œil à sa montre et dit :

— Il ne va pas encore être en retard aujourd'hui ?

Ce n'est pas une vraie interrogation, plutôt un exorcisme plaintif. Mais Lina répond quand même, sans hésitation.

— Non, pas aujourd'hui. Mais à l'entrée à Milan il y aura le disque rouge.

— Comme d'habitude, grogne la femme.

Dans le ciel passent des oiseaux, dans la petite gare

(« S'éloigner du bord du quai ! », tonne le haut-parleur) défile paresseusement un interminable convoi chargé de voitures neuves de toutes les couleurs. Vers la fin, il lance un coup de sifflet aigu, autoritaire comme celui qui a frappé il y a une heure sinon l'ouïe de Lina, du moins sa conscience de dormeuse.

5

Le train 10229 est arrivé et reparti de Canegrate sans incident. Si une catastrophe avait dû se produire, elle se serait déjà produite, se dit Inzaghi avec presque un fond de regret, en regardant défiler en sens inverse le paysage qu'il a traversé à pied peu avant. Voici, comme chaque matin, l'Iltex et sa double rangée de hangars, puis les entrepôts de Gondrand, la FAIT, les Laminés plastiques Broglia ; et voilà aussi la maison où il habite, dans ce groupe de hauts immeubles qui s'allonge et s'épaissit vers Milan.

Le train, qui a dépassé les derniers aiguillages et accéléré sa marche, continue pendant une minute ou deux à bonne vitesse ; puis il ralentit sur une autre série d'aiguillages, commence à freiner, s'arrête. Nous sommes déjà à Parabiago, où d'autres usagers journaliers sont amassés sur le quai.

Inzaghi décroise les jambes pour faire place à de nouveaux venus, reprend la serviette qu'il avait posée à côté de lui et en tire le journal et les cigarettes.

Au fond, pense-t-il tandis que le train se remet en marche et longe le quai à présent désert, lui aussi pourrait monter quelquefois ici — à 7 h 53 au lieu de 7 h 50 à Canegrate —, bien que le parcours à pied soit un peu plus long. Au moins il ne prendrait pas tous les jours le même chemin. Et pourtant il ne l'a jamais fait, il n'y a même jamais pensé. Si cela lui est venu à l'esprit maintenant, c'est sans doute parce que...

Mais le lien qu'il a un instant entrevu lui échappe. Il ne voit plus aucun rapport entre le fait de vouloir monter à Parabiago, parfois, ne serait-ce que pour changer de chemin, et la menace d'une catastrophe qui n'a pas eu lieu ou d'un orage désormais très improbable, à en juger par le ciel de plus en plus dégagé.

Quant aux « passages nuageux » prévus par le journal qu'il feuillette, il n'y aurait guère à s'en préoccuper, même si le journal avait été de ce matin. Mais, le matin, Inzaghi n'achète jamais le journal. Dans le train, il parcourt celui de la veille que sa femme — la femme, en tout cas, qui vit avec lui depuis longtemps — achète à Varèse pour son modeste salon de coiffure et rapporte le soir à la maison.

6

— Quelles furent les causes de la guerre de Trente Ans ?

— Tu as essayé la nouvelle Honda de Piero ?

— Qu'entend Kant par « impératif catégorique » ?

— Cinzia aussi vient au concert des Last and Least ?

Les questions rebondissent d'un bout à l'autre du wagon, criées par les voix sonores des étudiants à destination de Milan, colorées comme leurs éclatants blousons rouges, bleus, verts, orange. Lina les perçoit dans le tumulte et les enregistre une par une ; elle aimerait intervenir, répondre. Mais elle doit se retenir car en face d'elle il y a Gigliola, qui, montée deux stations avant, lui a gardé une place comme d'habitude et lui parle à présent d'un projet d'excursion à bicyclette le long du Ticino.

— Tu ne veux pas venir ? Allons, un peu de courage, je te prêterai tout ce qu'il faut, la combinaison, le vélo, l'anorak. Et c'est tout en plat, je te le jure.

Ce genre de proposition se répète souvent : Gigliola — une femme menue, à l'apparence fragile, qui a presque atteint l'âge de la retraite — est dotée d'un physique et d'une volonté de fer et ne renonce pas à entraîner Lina dans les activités écologico-sportives qu'elle pratique régulièrement avec son mari et quelques amis.

Lina hoche la tête, frissonne en souriant.

— Non, il fait trop froid.

— Tu la sais, la formule de l'intérêt composé ?

— Mais qu'est-ce que tu racontes ? Tu te couvres bien, et puis on se réchauffe en pédalant.

— Comment s'appelle cette pizzeria de la Porta Ticinese ?

— Au bout de dix minutes, on transpire comme en été.

— Il y a trop longtemps que je ne monte plus à bicyclette.

— Une personne juridique, qu'est-ce que c'est ?

— Mais vous ne pourriez pas aller chahuter ailleurs ? crie Gigliola, en repoussant avec une impatience affectueuse deux garçons qui font semblant de se battre dans le couloir, entre les sièges.

Cette effervescence juvénile lui rappelle ses deux fils, maintenant grands, dont l'un fait son service dans le Frioul et l'autre, photographe de presse, habite avec deux amis à Milan.

Son attendrissement se tourne à présent vers Lina, pauvre célibataire qui s'est sacrifiée pour cette mère égoïste, insupportable, bonne seulement à se lamenter, à se faire servir et à s'inventer des maladies les unes derrière les autres.

— Viens donc, essaie au moins une fois, tu ne peux tout de même pas rester toujours dans ta tanière et finir comme ta mère, vissée à la maison toi aussi à regarder la télévision ou à lire les tarots aux voisins ?

Mais Lina n'écoute que d'une oreille ces semonces périodiques sur les dangers du vieillissement précoce, du découragement, de la solitude ; l'autre oreille est ouverte, béante (Lina la sent matériellement énorme, comme celle d'un éléphant) sur la date de naissance de Ludovic Arioste, sur la seconde loi de la thermodynamique, sur les fleuves du Brésil, sur la formule de Briggs pour la tangente.

« Tu vis comme une taupe, tu ne peux pas continuer comme ça, il faut te secouer, te remuer un peu. Et en plus, c'est une vie qui te fait grossir.

Lina sourit, embarrassée ; il lui est difficile de répondre raisonnablement à ces arguments raisonnables. Elle est consciente de l'empâtement de ses hanches, se reproche ses excès de sucreries, et sait bien qu'elle est paresseuse, routinière, passive. Mais son apathie a aussi d'autres motifs, plus subtils, dont elle-même n'a qu'une intuition très vague. Certains jours, comme aujourd'hui justement, sa taupinière, son va-et-vient monotone de San Zenone à Milan et vice versa, lui paraît une sorte de lieu d'attente, un point d'écoute qu'on ne peut pas, qu'il ne faut pas abandonner un seul instant.

— Qu'est-ce que la poussière cosmique ?

— Qui a inventé la lettre de change ?

— A ton avis, pourquoi Tiziana n'est pas venue hier soir ?

— Parce qu'elle en a marre, murmure Lina, parce qu'elle a trouvé quelqu'un qui lui plaît davantage.

Gigliola se penche en avant.

— Pardon, que dis-tu ?

— Rien, rien.

— Tu ne m'écoutes pas... soupire Gigliola. Bon, en tout cas, je te l'aurai dit : un peu de distraction te ferait du bien à tous points de vue.

Mais, se distraire, c'est justement ce que Lina ne souhaite pas. Ces balades à plus de trois mille mètres, ou au bord de fleuves ou de lacs certes magnifiques, sont pour elle comme un appel à la désertion, elles l'éloigneraient, la détourneraient de...

« Et voilà ! se plaint Gigliola en se levant.

Le train, qui depuis deux minutes avait commencé à ralentir, s'est arrêté tout à fait dans une dernière secousse résignée.

Les petits bras grêles de Gigliola s'agrippent à la fenêtre, l'abaissent de force. En se penchant elle entrevoit là-bas, à moins de cinq cents mètres, l'antre gris de la gare de Milano Centrale.

« Disque rouge ! annonce-t-elle comme si elle crachait.

Lina sourit.

7

A la gare de Milano Porta Garibaldi, on annonce que le train local de 8 h 34 pour Sondrio partira du quai 12 au lieu du quai 9, que le direct de Codogno de la même heure circule avec vingt-cinq minutes de retard, et que monsieur Pietro Rossi, monsieur Pietro Rossi, est invité à se présenter aux Informations.

Des ordres de service sont ensuite donnés à un accrocheur de wagons et à un ouvrier vérificateur qui devront se rendre quai 4 en queue ; tandis que l'électricien Martinelli, l'électricien Martinelli, doit se mettre en contact avec le poste de manœuvre des signaux fixes.

Rien de tout cela ne semble concerner le train local de 8 h 20 en provenance de Gallarate, qui est arrivé à 8 h 32 voie 7 au lieu de voie 14 et dont la foule de voyageurs n'a pas encore fini de s'écouler. Et pourtant Inzaghi a écouté attentivement, a paru intéressé, qui sait pourquoi ? Doit-il par hasard prendre la correspondance pour Sondrio ? Mais il devrait alors se précipiter à la voie 12 au lieu d'attendre, le journal encore déplié sur ses genoux, que tout le monde soit descendu. Par ailleurs on ne voit pas ce qu'il irait faire à Sondrio, ou dans n'importe quelle autre ville, puisque le bureau où il travaille est à Milan, Viale Coni Zugna.

Inzaghi, en réalité, n'a aucune intention de prendre une correspondance. Pas plus du reste que de se présenter au bureau Informations, ou de se rendre avec un ouvrier vérificateur voie 4 en queue.

Il pourrait se rendre plutôt le long d'autres voies, au-delà du déploiement des signaux de départ et de sécurité, jusqu'à celui d' « avis à distance » que l'électricien Martinelli a reçu l'ordre de vérifier. Il assisterait ainsi au clignotement prolongé d'un groupe de feux verts et orange qui signalent :

VOIE LIBRE AVEC PRÉAVIS DE VOIE OCCUPÉE.

Mais réussirait-il à y lire, au moins vaguement, son destin ?

On peut en douter, bien que le signal correspondant à cette formule soit d'usage normal dans les gares à double système sémaphorique. Pis encore : exprimé en ces termes, le clignotement orange-vert lui paraîtrait contradictoire, incompréhensible, même dans sa signification strictement ferroviaire ; il ne servirait en somme d'aucune façon à expliquer l'autre signal, également de préavis à distance, qu'Inzaghi est désormais convaincu d'avoir reçu ce matin.

Pour lui en effet toute la question est là. C'est cette idée qui l'avait déjà effleuré à Parabiago, et qui a commencé à lui revenir avec insistance après Vanzago-Pogliano. Les trois oiseaux n'étaient pas avant-coureurs de tempête ou de catastrophe, ils n'annonçaient rien qui puisse se rapporter à d'autres que lui. Ils étaient — se répète-t-il encore une fois, en se levant enfin pour descendre — un signe pour lui seul : un premier avertissement de quelque chose (de bien ou de mal, il ne le savait pas) à quoi il devait se tenir prêt.

D'ailleurs, entre Rho et Milano Certosa, quand il a essayé de penser à autre chose, de se distraire avec les mots croisés du journal, le premier horizontalement (« Attention au-delà du Rhin », sept lettres) a été bien clair :

ACHTUNG.

8

En fait, le retard n'a été que de deux minutes, mais, quand Lina et Gigliola arrivent au bout du quai 21, une voix retentit sous l'immense demi-cylindre.

« Monsieur Annibale Canali, Annibale Canali, est invité à se présenter aux Informations. »

Lina ralentit instinctivement et son amie, après quelques pas, se retourne sans s'arrêter pour lui demander d'un mouvement oblique du menton ce qui se passe. Lina lui répond en l'invitant de la main à continuer vers l'étude de notaire où elle travaille depuis trente ans, et la demi-figure rouge de Gigliola se glisse comme une Dame de carreau entre les autres cartes du paquet, pour disparaître presque aussitôt dans le grand enchevêtrement de la sortie.

« Annibale Canali, Annibale Canali, est demandé d'urgence aux Informations ! »

Cette fois l'appel est encore plus pressant, le ton autoritaire, dramatique. Une voix adaptée à l'immensité de la gare, à l'oreille démesurée de Lina. Que fabrique donc ce monsieur Canali ? Qu'attend-il pour se présenter à ce bureau ?

Lina a encore une brève hésitation, puis avance résolue parmi la foule qui se meut, tout aussi résolue, dans toutes les directions. Il y a des effleurements, des heurts, des collisions de front, mais Lina ne perd pas de vue ceux qui semblent avoir le même but qu'elle. Celui-ci avec le loden et la valise noire ? Celui-là avec le cache-nez écossais remonté jusqu'aux yeux ? Un de ces deux-là à la démarche ondoyante, aux épaules déséquilibrées par de gros sacs de toile ?

La porte du bureau Informations s'ouvre avec un automatisme silencieux, et Lina s'arrête et scrute rapidement les petits groupes de voyageurs en file devant les guichets. Il y en a un avec une casquette de velours en train de bavarder avec l'employé du guichet 6. Une jeune fille au guichet 5. Un homme âgé, accompagné de sa femme ou de sa sœur, au guichet 4. Serait-ce lui ?

Mais les battants automatiques se rouvrent, quelqu'un entre, s'arrête à côté de Lina, essoufflé et hésitant. C'est un homme d'âge moyen, petit, avec une barbe carrée, des lunettes épaisses, deux lourdes valises qu'il a posées par terre.

— C'est vous, Annibale Canali ? lui demande Lina, rouge d'émotion.

Mais en réalité pas un mot n'est sorti de sa bouche, au bon moment les cordes vocales n'ont pas fonctionné. L'homme reprend ses valises, fait quelques pas droit devant lui, puis oblique d'un air décidé vers le guichet 2, où on lui dit ce qu'aurait voulu lui dire Lina : sa fille arrivera tout à l'heure en taxi pour lui apporter sa carte d'identité, oubliée à la maison et sans laquelle il ne passerait pas la frontière.

Annibale Canali, pense Lina, en partance pour Genève.

Elle le suit des yeux encore un instant, puis tourne les talons et s'en va à la hâte en calculant que, pour pointer à l'heure aujourd'hui, elle devra prendre un taxi au lieu des deux moyens de transport (métro + tram) qu'elle emprunte habituellement pour rejoindre son bureau à l'autre bout de la ville.

9

Au moment où il allait descendre dans le métro — qui de Garibaldi F.S. l'aurait amené en dix minutes à Stazione Genova, à deux pas du Viale Coni Zugna et de son bureau —, aucun signal n'a averti Inzaghi de ne pas le faire. Il n'y a pas eu d'autres « Achtung ». C'est de lui-même (du moins à ce qu'il croit) qu'il a décidé de ne pas aller au bureau aujourd'hui.

En tout cas pas tout de suite, a-t-il pensé en tournant le dos au double M sur fond rouge qui est son signal fixe de tous les matins. S'il changeait d'idée plus tard, il pourrait encore se présenter après la pause de midi. Maintenant, décidément non. Maintenant, a-t-il pensé, il faut attendre et voir ce qui arrivera. Mais le vent glacial qui souffle dans la cour de la gare ne l'encourage pas à guetter là d'autres signes. Les pigeons qui s'ébrouent autour de lui sans voler dans aucune direction précise ne méritent pas son attention. Ce qui éventuellement l'intéresserait davantage, même si les haut-parleurs la transmettaient dans sa version originale en ancien ombrien, serait l'invitation rituelle à observer le pivert et la corneille à l'orient, le pic noir et la pie à l'occident :

AVES ANSERIATUR ENETU
PARFA CURNAKE DERSUA, PEIQU PEICA MERSTU.

Aucun de ces oiseaux, quoi qu'il en soit, n'est attendu Porta Garibaldi, et le piétinement confus des pigeons et des banlieusards qui l'entourent lui semble plutôt une invitation à changer de route, à s'éloigner de ses lieux habituels. Il se serre dans son imperméable plastifié, traverse vite la cour et monte dans le premier tram allant vers la Via Farini, dans la direction opposée à la Porta Genova et au Viale Coni Zugna.

10

Tandis que le taxi accélère, appuie sur la gauche, ralentit, s'arrête à un feu, redémarre brusquement, se fraie un passage dans la circulation intense du début de la matinée, Lina ne se soucie pas de ce qui se passe autour d'elle, du Milan qu'elle traverse ; c'est à un autre Milan, suggéré, évoqué, qu'elle prête toute son attention.

« Monteneroseoixantetrois/Monteneroseoixantetrois — Portaromanadixhuit/Portaromanadixhuit — Viacherubinisix/Viacherubinisix — Beatoangelicotrentequatre/Beatoangelicotrentequatre — »

Ses doigts, sans qu'elle s'en rende compte, tapotent légèrement ses genoux, comme si la radio lui dictait directement cette interminable suite d'adresses. Et c'est ainsi qu'elle la transcrirait : le trait oblique pour marquer l'imperceptible pause avant la répétition du nom et du numéro, puis un trait long pour indiquer l'intervalle qui précède le nouvel appel.

« Viabiglineuf/Biglineuf — Ripamontisoixante/Ripamontisoixante — Corsoitaliavingtsix/Corsoitaliavingtsix, dernier appel — »

La voix est indubitablement féminine, mais d'une sécheresse impersonnelle, fonctionnelle, inhumaine, qui semble construite syllabe par syllabe dans un laboratoire électronique. Par ailleurs, cette cantilène glacée d'ordinateur a quelque chose de rituel, d'hypnotisant, qui transforme le taxi en une petite chapelle mobile où Lina a l'impression de participer à une sorte d'office religieux qui demanderait à chaque pause quelque réponse liturgique.

Le chauffeur, gros, gris, exécute les gestes de son métier avec une impassibilité pratique. C'est un vieux sacristain absorbé dans ses pensées, indifférent à la litanie. Il ne réagit pas aux rares variantes, quand la voix de l'officiant demande deux voitures pour l'hôtel d'Este, ou précise que tel autre appel est pour une dame handicapée, ou signale que le Corso Venezia est bloqué par un cortège, ou annonce qu'un collègue ignore où se trouve la Via San Senatore.

Comme une révélation, la réponse vient à l'esprit de Lina dans sa forme canonique exacte, complète.

Le chauffeur se tait, peut-être n'a-t-il pas entendu

l'appel, peut-être ne sait-il pas lui non plus où est cette rue, et entre-temps la réponse palpite, presse pour sortir, force Lina à se pencher vers le dossier du siège avant. Elle allonge une main comme pour décrocher le microphone de son alvéole, sa bouche s'ouvre pour crier : « Corso Italia, première à gauche après la Via Santa Sofia. »

Mais une accélération brusque la rejette en arrière, la Via San Senatore retombe inarticulée dans le fouillis de la métropole verbale, la radio reprend sa froide litanie :

« Viaduriniquatorze/Duriniquatorze — Indipendenzatrente/Indipendenzatrente — Viamoronideux/Moronideux. »

11

Arrivé à l'aiguillage au bout de la rue, le tram n'a pas pris la Via Farini comme Inzaghi s'y attendait. Il a au contraire tourné à droite, en s'arrêtant devant le Cimetière Monumental, et continue maintenant par la Via Procaccini.

Inzaghi connaît mal cette partie de la ville. Après d'autres aiguillages, d'autres virages tantôt à droite, tantôt à gauche, il n'a plus aucune idée de la direction où il va. Et, du reste, il a cessé, depuis quelque temps déjà, de regarder dehors.

LE CHOIX POUR TON FUTUR
cours de jour, de vacances, du soir

lui propose de la part d'une école agréée le placard publicitaire qui surmonte une des portes, tandis qu'au-dessus de la sortie adjacente un autre avis, de la même école ou d'une autre, l'informe :

Rattrapage d'années, trimestres accélérés
TON AVENIR DÉPEND DE TOI.

Inzaghi n'avait jamais eu l'impression, avant ce matin, d'avoir des années ou des trimestres à rattraper. Il ne pensait pas s'en être tiré plus mal que tant d'autres, et sa place ne lui semblait pas à mépriser. Son appartement au huitième étage et la femme avec laquelle il le partage ne lui déplaisaient pas. Il ne lui était même jamais venu à l'esprit, s'étonne-t-il, de monter (ou de descendre) au moins une fois à Parabiago, ne serait-ce que pour ne pas faire tous les jours le même chemin.

Mais à présent tout est changé ou en train de changer. Après le signe obscur tracé par les oiseaux sur le fond encore gris et brouillé de l'aube, les affiches colorées au-dessus des deux sorties sont un nouveau message pour lui :

LE CHOIX POUR TON FUTUR
TON AVENIR DÉPEND DE TOI.

Le choix l'attend au terminus, pense-t-il. C'est là, où que ce tram le conduise, que commence son futur. Et l'ancienne vie est maintenant derrière lui, bonne ou mauvaise qu'elle ait été.

Cependant les arrêts, les virages, les changements de voie continuent à se succéder comme si le tram (dont Inzaghi, quand il est monté il y a une demi-heure, n'a même pas regardé le numéro) n'avait pas de tête de ligne. Les gens continuent à monter et à descendre, et même plus à monter qu'à descendre. Dehors les rues ont un air moins suburbain. Voilà une place pas tout à fait inconnue. Voici un parc entouré d'une grille, qu'Inzaghi connaît certainement. Mais que l'itinéraire erratique suivi jusqu'ici soit celui de la ligne 29 (de la ceinture sud) ne devient évident que lorsque le tram, bondé, s'arrête près d'une entrée qu'Inzaghi connaît encore mieux.

VIALE CONI ZUGNA

dit la plaque au coin de l'immeuble.

12

Le bureau est un centre producteur d'un nombre énorme de questions, réfléchit Lina après avoir raccroché pour la vingtième ou trentième fois son téléphone. Mais, à mesure que la matinée avance, elle doit s'avouer un peu déçue, moins motivée. Et elle se demande honnêtement si cela ne vient pas d'elle, si son oreille hypersensible ne s'est pas un peu engourdie, contractée.

En la secouant par le lobe, une autre explication lui vient cependant à l'esprit : la qualité des questions.

Seulement, il faut l'admettre aussi, les questions du bureau ne sont pas toutes du type : « Tu n'aurais pas vu mon bloc (ou mon rouge, ou mon peigne) ? Il était là il y a un instant. » Il y en a d'importantes, de sérieuses, de décisives parfois, qui des niveaux supérieurs de l'entreprise arrivent jusqu'à elle, et vice versa. Il y a des télex dont dépendent des milliards, des devis plus ou moins estimatifs aux ramifications incalculables, des appels urgents du monde entier. Et pourtant Lina reste étrangère à tout cet affairement fébrile, se sent un simple maillon inerte.

Le téléphone sonne, Lina décroche.

— Lina ?

— Oui.

— Salut, c'est Daniela. Dis-moi : tu les as déjà enregistrés, ces ordres pour le broker de Londres ?

— Non.

— Heureusement ! Alors attends encore un peu, ça se complique du côté de Tokyo.

Lina raccroche avec une impression de plus en plus nette d'affaiblissement auditif. Bien que puissantes, impérieuses, les voix de Londres et de Tokyo, de New York ou de Hong Kong résonnent... de trop loin ? Non, ce n'est pas ça, c'est plutôt qu'elles effleurent à peine, sans jamais la toucher vraiment, cette corde qui était si tendue il y a deux heures, cette touche qui aujourd'hui semblait si sensible, prête à répondre.

A moins que ce ne soit le travail trop frénétique, fragmentaire ? Il n'y a pas un moment de relâche, de recueillement...

Le téléphone sonne, et Lina redécroche avec un soupir.

— Lina, salut, écoute, c'est Paola, excuse-moi : Margadonna dit que le dossier de cette histoire avec la Ocsem, il te l'a passé avant-hier. C'est toi qui l'as ?

Lina hausse les épaules.

— Non, et pour la bonne raison que je le lui ai rendu hier.

— Je l'aurais juré, dit Paola. Le cé-o-èn habituel. Okay, maintenant je monte le lui faire cracher.

Lina dépose le récepteur et lève les yeux vers la table de Margadonna qu'on entrevoit au loin, à une vingtaine de mètres, au-delà des demi-cloisons et des rayonnages qui divisent la surface du bureau paysager. Mais la table est vide, Margadonna doit être allé faire un tour pour colporter ses idioties.

Le téléphone sonne. Lina pense à la pause de midi.

13

IL Y A UNE DISCORDANCE
AVEC LA DOCUMENTATION PRÉCÉDENTE.

L'annonce n'a rien eu d'exclamatif ou de menaçant dans le ton. Il s'agissait en fait d'une simple constatation. Comme toujours, pourtant, la voix de stentor de madame Porro a fait sursauter les deux autres occupants de la pièce. Il y a eu un instant de silence suspendu. Puis Mirella, avec un haussement d'épaules, s'est remise à dactylographier à toute allure, à sa petite table de coin.

— Encore ? s'informe pour sa part Inzaghi, qui, ayant de toute façon perdu la ligne, devra recommencer du début un contrôle de chiffres sur le listing qu'il a devant lui.

— Mais si, regardez, éclate de nouveau madame Porro.

Elle se penche vers lui, de la table à côté, pour lui tendre la documentation.

« Regardez le détail des traites impayées et le total qu'ils ont inscrit au bilan. Vous voyez ?

En refaisant des additions que sa collègue aurait très bien pu vérifier elle-même, Inzaghi trouve que le total porté au bilan est juste. La discordance apparente dépendait seulement d'un report mal aligné.

Démontée, madame Porro reprend sa documentation.

« Mais tout de même, tonne-t-elle, ne pourraient-ils faire un peu plus attention ?

— Nous, alors, nous n'aurions plus qu'à fermer, réplique sec Mirella en changeant de feuille.

Inzaghi allume une cigarette et laisse là son listing. Il finira de le revoir après la pause. Ou demain matin. En décembre le travail n'est jamais écrasant : révisions préparatoires, quelques interventions de sondage, rien de très urgent. Et, au fond, s'il n'était pas venu du tout...

Mais ne pas venir n'avait plus de sens, s'est-il dit quand le tram qui devait l'amener qui sait où, vers qui sait quoi, l'a fait se retrouver juste devant le bureau. Ou peut-être, cherche-t-il à mieux se rappeler, a-t-il pensé que quelque chose pouvait l'attendre justement ici ?

Il ne lui semble pas. L'obscure prédiction des trois oiseaux et les avis colorés d'un choix nouveau, d'un avenir qui aurait dépendu de lui, lui ont paru, à la descente de ce tram, comme une espèce de tour qu'il se serait joué à lui-même. Ici, de toute façon, il n'y avait rien. Qu'aurait-il pu y avoir, d'ailleurs ?

Et pourtant, médite-t-il.

Il se lève et va voir ce que Mirella peut bien taper avec tant d'urgence.

« ... et de ce fait, lit-il, les postes susdits paraissent déterminés en contraste partiel avec les normes généralement suivies. Dans l'ensemble, cependant, les chiffres portés au bilan correspondent aux données des écritures comptables. »

Rien, se dit-il en revenant à sa table prendre ses cigarettes et remettre son imperméable. A présent il va aller déjeuner, et il finira sa révision dans l'après-midi, ne serait-ce que pour ne plus y penser.

MAIS LA DISCORDANCE SUBSISTE

annonce à ce moment madame Porro, plus tonnante que jamais.

14

Arrivée au bout du comptoir, Lina remet son ticket à la jeune fille, reprend à deux mains son plateau rempli et regarde autour d'elle à la recherche d'une place tranquille. La grande salle de la cantine accueille une centaine de ses collègues, et à toutes les tables il y a déjà quelqu'un.

— Que fais-tu, Lina, tu gênes le service, tu es en stationnement interdit ! intervient la voix nasillarde de Margadonna dans son dos. Allons, dégage, et viens mastiquer avec nous, fais-nous l'honneur de...

Mais, par chance, la voix s'interrompt d'un seul coup, puis renaît effarée en épelant :

« Em-e-èrre-dé-e !... J'ai oublié le pain !

Et, tandis que Margadonna revient sur ses pas, Lina en profite pour se pointer à la table où est assis Tattoni, un homme notoirement taciturne, pour ne pas dire revêche, qui en effet la salue en levant à peine les yeux de sa portion de hachis.

Mais ici il n'y a pas de recueillement non plus. Les panneaux insonorisants du plafond absorbent imparfaitement le brouhaha et répercutent en bas une espèce de hachis acoustique mal amalgamé où vaguent des bruits de verre et de métal, des mots perdus, des syllabes solitaires. Lina en est agacée comme par une de ces insaisissables langues étrangères qu'il lui arrive d'entendre à la radio ; et en même temps elle en subit l'influence (ou serait-ce l'influence de Margadonna ?) puisque, peu après, elle se surprend à désarticuler oralement ce qu'elle est en train de manger : e-èss-cé-a-èl-o... Elle porte à sa bouche un autre morceau et mâche lentement avec méfiance, si bien que Tattoni finit par la regarder, perplexe.

— Non, rien, explique-t-elle en rougissant, il me semble seulement... qu'elle a un goût un peu différent.

— Différent comment ?

— Je ne sais pas... je ne peux pas l'expliquer... c'est sans doute seulement une idée...

— Ou la sauce.

— Non, ce n'est pas la sauce, c'est..., bredouille Lina, oh, je ne sais pas...

Tattoni hausse les épaules, verse dans son verre le fond de sa canette de bière. Puis il époussette son pantalon, se lève, s'en va en saluant d'un signe de tête.

Mais lui-même, en attendant, s'est comporté d'une façon différente, il lui a adressé la parole, lui a presque souri, réfléchit Lina en entamant sa tarte aux pommes. Mais... est-ce une idée ou cette tarte aussi a un goût différent ? Et pourquoi se sent-elle tenue à épeler : té-a-èrre... ?

Il lui vient à l'esprit qu'une de ces nuées radioactives redoutées des écologistes ou quelque rétrovirus inconnu pourraient forcer tout le monde à parler comme ça. Un matin, les gens se réveillent incapables de lier les lettres des mots, et cette incapacité absurde ralentit toutes les communications. Ce serait toujours la même langue, mais différente, pleine de surprises, de résonances nouvelles, d'effets bizarres... Méditant ainsi, elle revient vers les ascenseurs et, juste avant que la double porte de la cabine se referme, Margadonna s'y faufile de biais, tel un loup dans la bergerie, bien qu'avec ses épaisses boucles poivre et sel il ressemble plutôt à un mouton.

— Alors, en somme, c'est vraiment devenu ton drapeau, commence-t-il en la toisant de haut en bas.

Lina détourne les yeux et Margadonna s'adresse aux autres, rigides et silencieux dans le cube mobile, en effleurant du doigt l'insigne écologique de Lina. « Elle l'avait hier, elle l'exhibe aujourd'hui, selon moi elle couche même avec. Dis la vérité, Lina.

Lina serre les lèvres, elle se refuse à expliquer à ce cé-o-èn que ce matin, dans sa hâte de sortir, elle a oublié de détacher de son gilet le rectangle bleu ciel.

« Mais explique-nous un peu ce dessin : c'est un espoir ou... une vantardise ? En tout cas, à mon humble avis, ce n'est pas ta couleur, ça t'éteint un peu.

Cé-o-èn des cé-o-èn, pense intensément Lina.

Enfin, la porte de l'ascenseur s'ouvre et Margadonna est le premier à sortir, tandis que Lina s'esquive vers les toilettes pour se laver les mains. Dans la glace elle voit l'insigne, en lit lettre par lettre l'inscription renversée, l'enlève de son gilet pour l'approcher de sa joue.

C'est vrai, ce n'est pas sa couleur, sur cette peau blême, fatiguée malgré la crème...

Mais pourquoi, se rebiffe-t-elle, devrait-elle céder, donner raison à ce gros imbécile insupportable ?

L'insigne reprend fermement sa place sur sa poitrine, un peu plus en haut et à gauche qu'avant.

15

Bien que de la petite table où il s'est installé avec son plateau il ne la voie plus, Inzaghi a bien remarqué, en entrant, l'affiche gauchement composée et prématurément collée avec du scotch au-dessus de la caisse :

LE PERSONNEL VOUS SOUHAITE DE BONNES FÊTES.

Mais il est peu probable qu'un document de ce genre puisse l'aider à réfléchir. Il faudrait un texte plus sérieux et plus approprié. Plus solennel aussi. Par ailleurs, on ne peut pas prétendre que le snack de la Via Crespi, au coin de la Piazza Cantore, exhibe à la caisse le cippe capitolin avec l'inscription des consuls L. Elius Lamia et M. Servilius :

AUGURIUM MAXIMUM
QUO SALUS S.P.Q.R. PETITUR.

En tout cas, il aurait fallu la traduire, cette inscription. Il aurait fallu expliquer que l' « augure suprême de salut » était un signe demandé officiellement aux oiseaux, par un personnel qualifié et à partir d'un observatoire spécial, quant aux destinées prochaines de Rome. Et, à ce sujet, il aurait fallu distinguer les divers genres d'augures dits « impératifs » (c'est-à-dire demandés expressément) de l'*augurium oblativum*.

Ce dernier était le signe céleste qui se présentait de lui-même, sans être sollicité, et l'on conçoit que la plus haute valeur lui ait été attribuée. C'est bien l'augure spontané de deux oiseaux qui conduit le pieux Énée vers le « rameau d'or » et sa destinée incomparable.

Inzaghi ne dispose pas de ces indications. Et toutefois, pendant qu'il tourne distraitement la cuillère dans sa tasse de café, il semble ne pas mal se débrouiller avec son raisonnement.

Les oiseaux de ce matin appartiennent à la « documentation précédente », lui a fait comprendre madame Porro. Mais la contradiction, la discordance, n'est pas avec la tempête désormais tout à fait improbable (la Piazza Cantore brille au soleil, derrière les vitres du snack) ni avec la catastrophe non avenue de Canegrate. Ni même avec le fait que le tram — s'agissant d'une voiture de la ligne 29 — ait logiquement fini par l'amener au bureau. Non, la discordance véritable et flagrante est avec le tram lui-même, mais à cause des faux avis au-dessus de ses portes.

Un choix pour son lendemain ? Un avenir qui aurait dépendu de lui ?

Mais le document précédent disait tout le contraire. Les trois oiseaux, qu'il n'avait nullement sollicités, sont à inscrire au bilan sous le signe opposé ; rien ne dépend plus de lui, il n'a plus rien à choisir ni à décider, quoi que ce soit qui l'attende.

Inzaghi, en d'autres termes, se rend compte que l'*augurium* a été justement du genre spontané : non demandé, obscur, envoyé par des divinités elles-mêmes obscures, mais justement pour cela infaillibles.

16

Quand l'obscurité adhère définitivement aux vitres du bureau, Lina décide de se permettre deux fondants à la menthe. C'est l'heure où il faut se remonter avec les sucreries, aujourd'hui plus que jamais.

Elle jette les papillotes dans la corbeille, déjà comble de longs rubans télex et autres scories de la journée de travail, et recule sa chaise pour croiser ses jambes alourdies.

Le bras aussi est lourd quand le téléphone sonne et qu'elle soulève le récepteur. Même sa voix est presque éteinte quand elle dit :

— Oui ?

— Lina, c'est Roberta. Dis-moi, tu sais, toi, si la réunion du comité de base est toujours pour jeudi après-midi ou...

Il y a une interruption, on entend d'autres voix dans le fond, puis Roberta reprend :

« Ah non, voilà, c'est Delia qui le sait, elle est en train de me le dire... La réunion est remise à vendredi matin, à onze heures. Excuse-moi, merci, salut.

Elle le sait. Delia, elle, le sait.

C'est grâce au sucre, peut-être, que Lina arrive à formuler une hypothèse la tirant un peu de son apathie : son oreille n'est pas affaiblie, elle est seulement débranchée parce que, ici, au fond, elle se sent inutile. Delia aussi « sait », et tous les autres — Paola, Roberta, Tattoni, Margadonna lui-même, sans compter les télétypes et les ordinateurs — tous peuvent plus ou moins bien répondre aux questions qui rebondissent entre ces murs.

Oui, c'est sans doute ça, réfléchit Lina en regardant Delia, qui, un dossier à la main, passe en hâte là-bas entre deux rayonnages. Ici, aucune question ne s'adresse vraiment à elle, uniquement à elle. Et cette idée, pourtant évidente, d'être remplaçable, interchangeable, la fait retomber dans sa torpeur précédente, l'assimile à cette grisaille de la moquette qui unifie les tables, les sièges et tout l'ameublement et tous les occupants de ce bureau paysager.

— El-i-èn-a, essaie d'épeler Lina pendant que ses doigts sortent un troisième fondant de sa papillote.

Différente ?

Oui, différente, différente.

Mais différente comment ?

C'est difficile à expliquer, à traduire en mots que Tattoni ou les autres puissent comprendre.

Le sifflement du train ? se demande-t-elle en suçant et en retrouvant les petits frémissements mystérieux du matin. Casablanca ?... Risichiello ?...

Personne ne comprendrait, mais ce sont justement ces choses-là que Delia ne sait pas, que personne ne sait, qu'elle-même perçoit comme un mot long et compliqué, aux lettres indéchiffrablement disjointes.

L'appel à la gare ?... La litanie dans le taxi ?...

Ces questions rallument l'attente, l'inquiétude, la frénésie. Lina regarde l'heure : encore vingt minutes à passer là. Et ce sont vingt minutes d'agitation pénible, de besoin presque explosif de sortir de cette salle, de ces toilettes, de cet ascenseur, de ce vestibule, sans voir ni par conséquent saluer aucun des autres qui, comme elle, se dispersent dans la nuit en auto, en autobus, en tram.

17

« Allô ? salon de coiffure Rita et Livia, a répondu au téléphone la femme qui vit avec Inzaghi. Allô ? » a-t-elle encore demandé deux ou trois fois avant de raccrocher.

Inzaghi l'a appelée sans bien savoir pourquoi. Sauf en cas de travail extraordinaire très tard le soir, mais cela n'arrive qu'en février ou en mars, il ne téléphone jamais à Varèse du bureau. Du reste, si elle n'avait pas répondu elle-même, il n'aurait même pas entendu sa voix. S'il avait demandé qu'on la lui passe, il n'aurait pas su quoi lui dire.

Madame Porro s'est levée et enfile son gros manteau. Aujourd'hui encore elle doit partir avant l'heure parce qu'elle va chez le dentiste.

— Deux autres caries, l'entend-on expliquer en sortant à la standardiste, au fond du corridor.

Le soir est à peine arrivé et déjà il tombe. Les vitres de la fenêtre reflètent Mirella plongée dans un travail de rature, à sa table de coin, et la lampe restée allumée sur le bureau de madame Porro.

Inzaghi n'a pas encore allumé la sienne. Et il n'a pas fini de revoir, comme il se l'était proposé, les folios gris et serrés de son listing. Demain ? pense-t-il en regardant les reflets dans les vitres, et au-delà des vitres, sur les immeubles d'en face, l'allumage coloré et progressif des enseignes de tous les soirs :

BANQUE NATIONALE DU TRAVAIL
LAINES MARIOTTI
GRUNDIG — PIAGGIO & C°.

Mais c'est comme si, d'ores et déjà, tout cela ne le regardait plus. Il sait que d'autres sont en train de décider pour lui, même s'ils n'ont pas encore décidé, et que son destin de toute façon est fixé. Ce qu'il sera est la dernière chose qui lui importe. Il sait — c'est-à-dire, il ne sait pas, mais c'est comme s'il savait — que jamais ou rarement, selon Épicure, les dieux métacosmiques (ou souterrains) s'occupent de nous. A très peu d'hommes il est donné d'en recevoir un signe, d'avoir une destinée fixée infailliblement par eux.

A-T-ELLE UN DESTIN, MADAME PORRO ?

La question déconcerte un instant Inzaghi, qui se demande si alors Mirella aussi, et si la standardiste et le sous-directeur Bignani lui-même, désormais très proche de la retraite, ne devraient pas en avoir un. Mais aucun d'eux n'a jamais reçu un signe comme le sien, ou, s'il l'a eu, il n'a pas su le reconnaître, pense-t-il en regardant Mirella qui s'est levée et s'affaire maintenant pour tout remettre consciencieusement en ordre sur sa petite table, avant d'échanger ses confortables mocassins « de bureau » contre des bottes de cuir gras, décrocher de son portemanteau personnel son écharpe et sa veste fourrée, se préparer à sortir.

— Vous restez encore, monsieur Inzaghi ? C'est vous qui éteindrez ?

— Oui, bien sûr, bonsoir, dit Inzaghi en se retournant. Portez-vous bien, dit-il aussi sans bien savoir pourquoi.

18

Dans le long boyau articulé du tram, les arrêts décomposent et recomposent le paquet des passagers, jeu élimé de tarots d'où n'émerge aucune figure en relief ni aucune phrase qui ne soit brisée par le remous continuel de l'intérieur vers les portes et vice versa (« ... mon mari me laisse toujours... », « ... de la lui offrir pour Noël... », « ... au moins vingt-cinq flexions chaque... », « ... c'est le chien, le chien qu'il n'y a pas moyen de... »), tandis que ceux qui ne bougent pas se taisent, le regard en arrêt sur les petites affiches qui surmontent les fenêtres avec leurs offres de lessives, biscuits, meubles, assurances, hi-fi, logements, langues étrangères, les mêmes affiches qui, démesurément agrandies, tapissent les murs de la ville d'oracles immenses et fuyants :

...SAUTEZ SUR L'OC... — ... ONOMISEZ JUSQU'À...
...LA MAISON DE VOS... — ...UX LA COULEUR QUI...

Le tram s'enlise comme un récif jaune dans un encombrement de voitures, et Lina remarque un homme arrêté devant une vitrine d'électroménagers encadrée de lampes multicolores : l'allumage intermittent fait passer ses cheveux frisés du rouge au vert, puis au bleu, puis au rose, si bien que seulement après avoir repris sa marche l'inconnu devient reconnaissable, devient Margadonna, sans voiture aujourd'hui qui sait pourquoi, monté évidemment dans ce même tram mais à l'autre bout, descendu au dernier arrêt, s'éloignant maintenant vers le centre et près de disparaître dans la foule du trottoir, quand le tram repart, accélère, le rejoint et le ramène un moment à la hauteur de Lina pour le laisser ensuite en arrière, de plus en plus petit et lointain et enfin totalement annulé.

Mais pourquoi Lina doit-elle dominer un brusque

affolement, vaincre l'impulsion de descendre et de courir derrière lui pour le rattraper, l'arrêter, lui dire haletante... quoi ? Qu'en le voyant ainsi désarticulé, décomposé par ces métamorphoses lumineuses, elle l'a imaginé différent ?

Différent comment, ricanerait le cé-o-èn ? Différent à cause de ces couleurs, de ces fonds de teint favorables ou défavorables ?

Lina renonce à lui expliquer, à s'expliquer cette lumière ou couleur ou décomposition prismatique, qu'elle ne sait pas elle-même comment nommer, qui enveloppe parfois à l'improviste les personnes et les choses les plus familières (elle se souvient d'un coin de fenêtre, d'un fer à repasser, de sa mère assise dans la cuisine, transmués l'espace d'une seconde) et qui, changeant leur aspect quotidien, les revêtant de jamais-vu, les enchâsse pour un instant dans l'inconnu pur.

Deux arrêts après, quand elle descend du tram pour s'engouffrer dans le métro, Lina n'a pas de difficulté à reconnaître sa station habituelle de la ligne 1, ni le couloir de la direction Inganni. Mais une fois sur le quai d'où une rame vient juste de partir, et dans l'attente de la suivante, la multitude muette qui lui fait face du côté opposé l'emplit d'un sens nouveau de dépaysement et de vertige.

A moins qu'il ne s'agisse d'un trouble de la tension ?

Un quatrième fondant paraît s'imposer.

19

Le trajet coutumier sur la ligne 2 évité ce matin dans le sens

GARIBALDI F.S. — MOSCOVA — LANZA CADORNA
S. AMBROGIO — S. AGOSTINO — STAZ. GENOVA

Inzaghi ce soir, en sortant du bureau, ne refuse pas de l'entreprendre en sens inverse. Il se laisse pousser au bas de l'escalier par la foule grise et sans destin de cinq heures et demie, insère comme tout le monde son ticket, attend avec une indifférence passive, distraite, sur le quai bondé. Il n'a plus ce besoin de regarder autour de lui, d'écouter, de surveiller. Il est certain que le signe définitif, l'avertissement final, se présentera de lui-même, et à l'arrivée de la rame il le pressent imminent.

Peut-être à Cadorna et au croisement avec la ligne 1, pense-t-il en montant. Sinon peut-être juste à Garibaldi. Il ne s'attend pas encore au fatal prolongement :

GARIBALDI F.S. — GIOIA — CENTRALE F.S.

Après Cadorna seulement, déjà près de Moscova, il s'aperçoit que, dans sa passivité voulue, il s'est laissé refouler de plus en plus au fond par de nouveaux afflux de voyageurs. Et à Moscova, après la fermeture des portes, il se retrouve tellement coincé en arrière que sa descente à la station suivante lui apparaît assez problématique, même en tenant compte de tous ceux qui descendront. D'habitude, par ailleurs, Inzaghi se prépare à temps. Il ne lui est jamais arrivé de ne pas pouvoir descendre à Garibaldi. Ne serait-ce pas lui qui a voulu se tenir en arrière ? Sa négligence lui semble contredire, en tout cas, la décision qu'il avait déjà prise au snack : ne rien faire qui pût l'éloigner de sa route normale, jusqu'à ce que...

Une secousse de la rame l'aide à s'enfiler entre deux grosses femmes qui le bloquaient contre un siège, et de là il réussit à gagner un peu de terrain. Quand les portes s'ouvrent il pourrait même se considérer bien avancé, n'était-ce une autre femme moins volumineuse, mais fermement accrochée à une barre.

— Excusez-moi, vous descendez ?

— Non, dit la femme en s'accrochant plus fort que jamais, pour ne pas se laisser pousser dehors elle-même.

Elle cherche cependant à faire un demi, ou au moins un quart de tour, pour réduire l'obstacle, au risque de faire sauter les boutons de son manteau. Dans l'ouverture duquel apparaît la moitié gauche d'un insigne bleu épinglé sur son gilet.

20

Bien que la rame pour Inganni ait une manière assez banale de se présenter, d'arriver devant la foule en attente, Lina n'est pas insensible aux suggestions allégoriques de ce voyage souterrain. Et dans son état plutôt vague, fluctuant, les paroles que quelqu'un prononce dans son dos lui paraissent en quelque sorte elles aussi allégoriques :

— Tu dois changer à Cadorna et prendre la 2, dit une voix en réponse à une question à peine susurrée. La ligne 2, la verte. Dans les couloirs tu n'as qu'à suivre le vert, suis toujours la couleur.

En se retournant elle voit deux très jeunes gens, presque des enfants, la bouche tranquillement fermée. Ce sont eux qui ont parlé ? Lina, qui suce toujours son bonbon, ouvre ses lèvres pour en faire sortir… quoi ? Un son indécis qui est peut-être la formule du glucose ? La date de la chute de Constantinople ? La capitale de l'île de Sumatra ?

Mais déjà les portes s'ouvrent et le plus jeune des deux garçons se précipite pour descendre. Lina descend aussi avec tous ceux qui changent à Cadorna, et suit le tracé vert menant à la ligne 2, direction Gobba, où elle accède à un autre wagon rempli de soupirs, grognements, frottements d'étoffes, de sacs, de journaux.

Il fait très chaud et on manque d'air. Dans ces stations sous le centre de la ville, où les gens s'entassent davantage, les portes ne s'ouvrent que sur des grottes également étouffantes. Le principal d'ailleurs, pour ceux qui sont debout, c'est de se maintenir tant bien que mal à leur place. Lina, qui s'est agrippée à une barre près d'une sortie, est trop occupée à s'y tenir pour prêter l'oreille au bredouillement qui l'entoure. Jusqu'à ce qu'une voix d'homme, à peine plus consistante que les autres, se dégage de ce fond confus et lui demande :

— Excusez-moi, vous descendez ?

— Non, répond Lina sans se retourner mais en se serrant davantage contre la barre, pour faciliter autant qu'elle le peut la descente du voyageur à la station Garibaldi et pour ne pas être entraînée dehors elle aussi.

Mais peu après, quand la rame est déjà lancée vers la station Gioia, elle a l'impression que, parmi les corps qui la compriment de tous les côtés, il y en a un différent.

Différent comment ? Par le volume, la dureté, le sans-gêne, l'odeur peut-être ?

Non, c'est autre chose.

Elle lève un peu les yeux et les tourne avec précaution d'un côté et de l'autre. Perpendiculaire à son épaule droite, le buste d'un homme un peu plus grand qu'elle, en imperméable, l'effleure.

— Mais… dit-elle impulsivement.

Elle s'interrompt, hésite un instant, mais il n'y a pas d'erreur, c'est lui.

« Mais, vous ne deviez pas descendre à Garibaldi ?

Un cahot soudain, le grincement des roues dans un virage ont sans doute rendu sa phrase incompréhensible car l'homme la regarde ahuri.

— …omment ? …usez-moi ? balbutie-t-il dans le fracas qui se prolonge.

— Ga-ri-bal-di ! martèle Lina.

L'autre hausse les épaules pour signaler l'impossibilité d'entendre. Lina en fait autant et tout finirait là, lui sortirait de la tête, si l'homme à l'imperméable descendait à la station Gioia pour repartir en sens inverse.

Mais cela n'a pas lieu. Non seulement, mais elle s'aperçoit abasourdie que l'homme louche avec intérêt, avec insistance, dans l'ouverture de son manteau déboutonné. Un autre cé-o-èn maniaque, c'est clair ! Et, d'ailleurs, sur quoi louche-t-il ? Sur un gilet vieux de trois ans, boutonné jusqu'au cou, d'où sortent les pointes de col du chemisier.

Néanmoins ce regard oblique a réussi à la mettre mal à l'aise. Elle résiste, regarde droit devant elle mais à la fin elle cède, fait un quart de tour pour ne pas être vue et procède de sa main libre à une rapide vérification. Tout est normal, naturellement, sauf...

Elle remarque que l'homme s'est déplacé lui aussi et qu'il fixe de nouveau l'ouverture de son manteau, où il a dû entrevoir le petit rectangle écologique. Un autre Margadonna ? Ou peut-être un autre écologiste, un ami de Gigliola ?

Lina le regarde brusquement dans les yeux et l'homme, rougissant, s'efforçant de sourire, bredouille quelque chose qui ressemble à « les eaux... ce matin... ».

Ciseaux ?... Ah non, voilà, oiseaux, le vol d'oiseaux stylisés qui se détache sur le bleu de l'insigne. Mais comment cet homme sait-il qu'elle le portait déjà ce matin ? Lina ne se souvient pas de l'avoir rencontré dans le train, à la gare ou dans la file pour le taxi. C'est donc lui qui l'aurait remarquée ? Peut-être aux Informations ?

— Quand ?... commence-t-elle à articuler dans un début de grincement de freins.

C'est le signal : les assis se lèvent et s'infiltrent entre les debout et tous ensemble s'amassent, s'agglomèrent comme des poudingues (« conglomérats ») ou des groupements d'atomes tels que l'ammonium (« radicaux »), engorgent les sorties, comme s'ils fuyaient l'étau des Turcs à Constantinople (1453). Un fuyard s'interpose d'autorité entre Lina et l'homme à l'imperméable qui semble pris d'une grande agitation, patauge désemparé dans la cohue :

— Ce matin... les oiseaux... avant l'heure...

Ou voleurs ? couleurs ? arpenteurs ?

— Mais où ? crie Lina en tournant la tête vers lui dans le flot qui l'entraîne au-delà des portes ouvertes et auquel elle s'abandonne aveuglément pendant une vingtaine de mètres.

Puis elle est forcée, pour éviter un lave-sol à vapeur crachotante, de contourner un pilier et se retrouve dans un couloir latéral où deux Arabes sont accroupis à côté de leurs baluchons.

Là, elle sent comme une décharge sur son épaule : c'est encore lui, l'homme à l'imperméable, qui l'a suivie, rejointe.

Elle s'arrête, fait deux pas en arrière en serrant d'instinct son sac, à cause aussi des deux Arabes qui la fixent de leurs yeux sombres ; mais elle cherche aussitôt à corriger ce signe de méfiance par une espèce de sourire.

« Où ?... répète-t-elle.

Manœuvrée par un homme en salopette, la machine bourdonnante et sifflante a entre-temps gagné du terrain et s'approche parmi des nuages de vapeur blanchâtre.

— Je ne sais pas ! crie le poursuivant. Je ne sais pas où !

Les murs rugueux ont la couleur de la terre mouillée, des visages moustachus des Arabes, et Lina, au bord d'un vrai vertige, ne sait qu'opposer un vague geste d'impuissance, en touchant ses tempes serrées dans un cercle non pas tant douloureux qu'oppressant, suffocant, comme un halo de très épais brouillard.

— Le cercle... un cercle... halète-t-elle, les yeux un instant fermés à tout, l'oreille envahie par le bourdonnement obsédant de la machine qui laisse pourtant filtrer de lointaines, débiles interrogations : quoi ?... comment ?... où ?...

Les paupières de Lina se soulèvent, ses yeux s'entrouvrent sur les lettres nickelées V-A-P-O-R-E-L-L-A dont s'orne la machine qui va et vient implacable, puis se dilatent sur une affiche de toutes les couleurs où un pinceau énorme, manœuvré par une main énorme, vient de tracer en noir brillant :

VYNILUX

LA COULEUR QUI NE TRAHIT PAS.

L'homme délire, lui parle de cygnes (ou signes ? lignes ? vignes ?) et continue à répéter Où ? où ? comme s'il était mortellement pressé d'aller quelque part sans bien savoir où au juste. Mais alors, en quelques instants, tout semble s'éclaircir, s'illuminer : c'est le dernier appel de celui qui ne sait plus rien, qui s'est perdu dans les entrailles de la terre, qui a fini dans ce coin hallucinant, dans cet antre sombre de vapeurs blanches et d'yeux orientaux immobiles, quand il suffirait, quand il suffit simplement...

— La couleur ! balbutie Lina, la gorge serrée par l'excitation. Il suffit de suivre la couleur !

— Quelle couleur !

— La couleur qui ne te trahit pas ! crie Lina. Ta couleur !

Puis Vaporella lui effleure les pieds, la fait reculer de quelques pas, et la foule a tôt fait de l'entraîner sur l'étroite ziggourat de l'escalier mécanique.

21

SEQUERE ME INTRO HUC.

Si l'oracle avait été celui-ci : « Suis-moi là-dedans », Inzaghi l'aurait certainement saisi, même en latin, et il n'aurait pas tardé à suivre la femme sur l'escalator. Où maintenant, au contraire, il la regarde ébahi s'élever et disparaître. Le voilà donc seul et absorbé par son indéchiffrable prophétie, tandis que la machine continue à fumiger, bourdonner, siffler avec insistance derrière lui.

Mais ce n'est pas tellement à la signification des mots, à leur couleur obscure qu'il est en train de réfléchir. Il y a une autre chose qu'il croit avoir saisi sur les lèvres de la femme — ou sur son visage ? ou autour d'elle ? — et qu'il n'arrive pas à préciser.

Quelque chose en rapport avec *avant-coureurs,* d'une certaine façon, mais aussi avec *Achtung.* Et c'est pourquoi il ne s'étonnerait pas, lui semble-t-il aussi, si les mots avaient appartenu à une autre langue : au latin par exemple, ou même...

Le souvenir, en six lettres, se déclenche juste au moment où un sifflement plus décidé, prolongé, le fait se retourner vers la machine :

ELLE VATICINAIT PARMI DES VAPEURS.

La Pythie, dans la Grèce antique. Mais maintenant, à Milan, pour lui ?

Le vertige de l'absurde le saisit si brusquement qu'il en est tout à fait désorienté. Pour la première fois depuis ce matin il se dit qu'il délire et qu'il ferait bien de revenir à lui. Le mot même, *oracle,* qu'il a automatiquement associé au nom de la Pythie, le dissuade de chercher une signification quelconque au message insensé. Il va donc revenir à la gare Garibaldi — décide-t-il en regardant la machine qui continue son va-et-vient, avec ses bouffées de vapeur blanchâtre —, et peu importe s'il rate son train habituel. Il y en a un autre une demi-heure après.

Seulement, *la vapeur n'est pas blanchâtre.* Elle est même, à présent, d'une couleur si intense que tout le reste semble gris et fané, même les affiches bariolées qui bordent le quai et la nouvelle rame qui arrive. Et une trace de cette couleur se superpose, sur la bande qui conduit vers la sortie, au vert caractéristique de la ligne 2, elle éclaire les marches de l'escalier mécanique, se répand — quand Inzaghi y accède — sur la plate-forme livide d'où l'on monte à l'arcade des taxis et au grand hall du rez-de-chaussée.

Ce hall est celui de toujours. Mais le double et haut escalier mécanique qui porte aux quais brille d'un reflet qui n'est pas celui des lampadaires ou des tubes au néon. Une fois en haut, c'est ce même reflet qui guide Inzaghi jusqu'à une des dernières voies de gauche, sous la dernière grande verrière :

VOIE 3.

Le tableau n'annonce encore ni la destination ni l'heure de départ, mais un long convoi est déjà à quai. C'est de sa locomotive, là-bas en tête, que la couleur se propage le long des wagons, encore obscurs à l'intérieur bien que des voyageurs soient déjà montés. Ce sont des wagons des Chemins de fer fédéraux suisses :

F.F.S. ✠ S.B.B.

Inzaghi parcourt le quai presque jusqu'au bout et monte dans la première voiture, plus intensément colorée et dont la plaque, à côté de la portière, précise la destination ultime :

BASEL S.B.B.

22

Lina s'est affaissée, plutôt qu'assise, sur le siège du wagon habituel de retour. Hors des fenêtres fermées, les haut-parleurs de Milano Centrale ne cessent d'émettre leurs appels tonitruants et incompréhensibles, mais Lina n'y fait pas plus attention qu'elle ne s'intéresse aux conversations des autres habitués, aux exclamations de quatre joueurs de cartes, de l'autre côté du couloir, qui ont engagé une partie de poker en se servant comme table d'une valise en équilibre sur leurs genoux.

En réfléchissant avec fatigue à sa propre fatigue, elle se dit qu'elle devra tout de même se résoudre à faire quelque chose. Gigliola n'est pas là, elle reprend toujours un des trains suivants, mais demain matin Lina lui dira que ce projet de promenade à bicyclette lui convient tout à fait, et advienne que pourra. Il est inconcevable de se sentir aussi morte après une journée normale de travail. Et pédaler fait notoirement du bien à qui a une tension basse ; c'est le meilleur remède contre les étourdissements et les vertiges dus à une mauvaise circulation.

Ce qui lui est arrivé tout à l'heure avec l'homme à l'imperméable a laissé en elle un relent de mécontentement et d'irritation envers elle-même. Ce matin elle était partie en grande forme, preste, alerte, disponible pour Mozart et Risichiello, pour la guerre de Trente Ans et la Via San Senatore ; et puis les heures de bureau l'ont petit à petit usée, prostrée, elles l'ont privée pratiquement de la parole, étant donné qu'elle n'a même pas réussi à donner une indication cohérente à ce malheureux qui demandait simplement...

Derrière la fenêtre, quelques têtes commencent à reculer et Lina, ainsi avertie que le train s'est délicatement mis en marche, pousse comme tous les soirs un soupir de soulagement, déboutonne son manteau et sort du sachet le dernier fondant. C'est cela le vrai bon moment du retour, le doux crépuscule de la journée.

Déjà moins déprimée, plus sereine, elle décide d'enlever une fois pour toutes cet insigne écologique qui ne lui a procuré que trop de gêne. Elle le détache de son gilet et, avant de le mettre dans son sac, l'examine en fronçant les sourcils. Pas sa couleur ? Mais je vous demande un peu, qu'en sait-il, Margadonna, des couleurs et des non-couleurs ? Elle revoit les yeux de l'homme à l'imperméable fixés sur le rectangle bleu, sur le vol noir et lointain des oiseaux, et elle commence à se demander si après tout...

Oui, bien sûr, elle n'a pas compris ce que cet homme voulait d'elle. Dans la confusion du quai, près de cette machine infernale, ses mots lui ont même paru tout à fait insensés ; si bien qu'elle n'a pas pu juger s'il s'agissait d'un voyageur banal lui demandant une information tout aussi banale, ou au contraire d'un fou, d'un déséquilibré, peut-être d'un drogué au bord de la crise. Et pourtant elle a fini par répondre comme si elle avait compris. Pourquoi ? Que s'est-il passé au juste ?

Quelque chose, devine-t-elle, a eu lieu, quelque chose s'est développé en elle, s'est servi d'elle, est enfin sorti d'elle impétueusement, là-bas, dans ce coin souterrain. Et « fatigue » n'est pas le terme pour définir ce qu'elle éprouve : il y a eu comme un transpercement qui l'a desséchée, vidée, violemment et minutieusement désossée.

Et apaisée aussi, reconnaît Lina en s'abandonnant sur la banquette.

La question qu'elle attendait depuis ce matin, la question destinée exclusivement à elle, est donc venue après tout.

Mais quelle a été en réalité sa réponse, et comment, en réalité, a-t-elle été comprise, voilà le souci qui commence à croître en elle, bien qu'à la vitesse du train omnibus.

23

Ce n'est pas Inzaghi qui a choisi son compartiment ni sa place à côté de la fenêtre. La couleur qui l'a accompagné jusqu'à la voiture de tête, presque au bout du quai, l'a ensuite guidé dans le couloir encore obscur, en éclairant pour lui l'avis

RAUCHER — FUMEURS — FUMATORI

et en faisant briller le cendrier à l'extrémité du siège.

Plus tard les voitures ont été éclairées et quelques autres voyageurs sont montés, des porteurs sont passés avec des bagages, une portière de la locomotive a claqué, signalant l'imminence du départ.

Mais dans le compartiment d'Inzaghi, où personne d'autre n'est entré, la couleur ne s'est pas éteinte. Ses reflets — tandis que le train bouge insensiblement, démarre — restent perceptibles dans le blanc du plafond et le gris clair des cloisons, dans l'argenté des garnitures métalliques, dans le bleu clair de la moquette et des sièges.

Ce n'est pas, Inzaghi s'en rend compte, une couleur définie. C'est une espèce de luminosité, de teinte plus vive, que prennent les choses devant lui sur le chemin assigné. Les faisceaux de rails qui courent de plus en plus vite le long du train, les signaux de protection au bord de la voie (et surtout peut-être, plus loin, l'avertissement « à distance » que l'électricien Martinelli a vérifié ce matin) ont cette luminosité particulière qui colore aussi les espaces noirs entre les faubourgs, les intervalles, de plus en plus longs, entre les petites gares qui luisent un instant et puis restent en arrière...

TU NE QUAESIERIS.

« Tu ne demanderas pas, il est défendu de le savoir, quelle fin t'ont fixée les dieux. » Et Inzaghi en fait ne se demande rien, absorbé comme il l'est dans une attente dont il ne pense plus à mesurer la durée. Il a la certitude miraculeuse d'avoir un Destin, d'aller à sa rencontre, et cela lui suffit.

Mais il est sans billet et sans passeport. Sa carte d'identité est périmée depuis au moins deux ans. Il n'a pour tout bagage qu'une serviette avec le journal d'hier, et très peu d'argent dans son portefeuille. On peut douter qu'en ces conditions il soit destiné à passer la frontière.

On pourrait même se demander — dans le train

lancé sur la voie ondoyante à une vitesse tumultueuse, incomparable à celle des trains de banlieue — si le sort décrété par les dieux ne serait pas plutôt une fin brusque et très proche.

AVANT-COUREURS DE CATASTROPHE.

C'était cela le sens, finalement ?

Un coup de sifflet de la locomotive déchire la nuit, suivi d'un long grincement de freins. Inzaghi se sent projeté en avant et ferme les yeux.

Rien cependant ne lui est arrivé quand, après un moment incalculable, il les rouvre. A la fin du long freinage le train a pour un instant repris sa course, en le rabattant contre son siège, et a fini par s'arrêter près d'une file de sombres wagons de marchandises, à côté d'un terre-plein occupé par des baraques vaguement éclairées. C'est ici la frontière ?

Inzaghi est sur le point de sortir sa carte d'identité périmée et en mauvais état quand, dans le compartiment, les couleurs changent. La *couleur en plus* qui les ravivait s'est éteinte.

24

— Paire d'as, annonce un des joueurs de poker.

— Brelan de valets, réplique un autre.

Quelle couleur ? continue à demander l'homme à l'imperméable.

Grands dieux, où l'ai-je envoyé ? continue de se

demander Lina en scrutant dehors et ne réussissant à voir que le quatuor de joueurs reflété dans la vitre.

Il lui apparaît de plus en plus nettement que la question devait avoir pour l'homme une importance extraordinaire. Un homme épouvanté, gravement menacé peut-être, qui Dieu sait pour quelle mystérieuse raison a cru reconnaître en elle la personne capable de lui fournir une indication vitale. Certes, il était hors de lui. Mais ne l'était-elle pas elle aussi ?

Elle frissonne à l'idée des voies tragiques que sa réponse pourrait avoir dictées au malheureux : revenir sur ses pas et se jeter froidement sous la rame suivante de la ligne 1 ; errer dans la ville et finir écrasé par un poids lourd en traversant un carrefour insidieux ; rentrer chez lui et assassiner sa femme surprise au lit avec un voisin ; s'égarer dans des rues sombres de banlieue et être agressé par une bande de voyous, poignardé, abandonné agonisant dans un bain de sang. Enchaînement d'actes, de pas, de mouvements, tous remontant d'une manière ou d'une autre à elle, tous inspirés par cette suggestion vague, insignifiante, et pourtant précise, fatale. Suivre la couleur…

Le train ralentit, Lina se lève, se dirige vers la sortie, et, quand la petite gare de San Zenone al Lambro est solidement installée dans son cadre nocturne, elle descend et s'achemine vers la maison sur des jambes encore molles, des pieds incertains.

Mais ces quelques mètres familiers suffisent à la revigorer. Et l'apparition de Risichiello, qui, entraîné par son chien, descend l'escalier en se tenant bien à la rampe, finit par boucler raisonnablement le cercle. A chaque tour de clef dans la serrure, Lina a l'impression de faire jouer l'un après l'autre des mécanismes incontestables d'innocence. Quel que soit le destin qui attend l'homme à l'imperméable, ce n'est pas elle qui le lui a préparé, ni elle qui l'y a poussé.

Elle n'a été qu'un instrument, en réalité : le moyen peut-être occasionnel, peut-être préparé de longue date, de fournir une réponse inspirée à une demande vertigineuse ?... Ou une indication saugrenue, insensée, à la question banale d'un banal usager du métro de Milan ?

25

La rue, qui court entre un interminable mur d'enceinte et des prés noirâtres, des terrains boueux, est macadamisée mais pleine de bosses et de creux, de larges déchirures, de trous grossièrement comblés de pierraille. Une rue désaffectée, à ce qu'il semble, bien qu'éclairée de loin en loin par des réverbères ternes. Son autre couleur reste pourtant bien reconnaissable. C'est toujours celle que, il y a maintenant une heure, Inzaghi a vue s'éteindre à bord du train et se rallumer entre les baraques du terre-plein ; et que, en se dépêchant de descendre, il a suivie ensuite par un étroit passage souterrain jusqu'à une place faiblement éclairée, hors d'une gare inconnue.

De cette place, une avenue plantée d'arbres conduisait au croisement avec une rue plus passante, aux magasins encore ouverts, que la couleur a cependant laissée derrière elle, en continuant par une autre avenue flanquée d'immeubles à jardinets.

61 A

a lu Inzaghi sur une grille près de laquelle, avec sa double rangée de plaques et de boutons de sonnette, le rectangle luminescent de l'interphone lui avait semblé plus vif, plus brillant que les autres. Mais ce n'était qu'un jeu de lumière et d'ombre. La couleur l'a entraîné encore plus loin, par une rue de traverse déjà presque campagnarde, puis dans des chemins de plus en plus sombres, défoncés, jusqu'à celui où il marche à présent quasi dans le noir.

Il a froid, et la fatigue aussi se fait sentir. Ses pensées commencent à divaguer vers des choses qui peut-être ne devraient plus le regarder : la maison et le bureau... la gare de Parabiago, où il n'est jamais monté ni descendu... le salon de coiffure de Varèse, d'où la femme qui vit avec lui est en train de rentrer ou est déjà rentrée, comme tous les soirs... la voiture d'occasion qu'ils ont achetée ensemble il y a des années, et qu'il serait temps de changer...

Des éclairs venant de droite le surprennent et lui font penser un instant qu'un orage se prépare de ce côté-là. Mais non. Le sifflement d'un train assez proche lui fait comprendre que la route le ramène près d'une voie ferrée, celle qu'il a quittée ou une autre.

Le mur d'enceinte, qui s'est interrompu, laisse en effet entrevoir à droite un fouillis de baraques, palissades, carrés de légumes, hangars et autres vagues bâtisses, derrière lesquels de nouveaux éclairs signalent le passage d'un convoi.

EVENTA BONA NUNTIANT AB ORIENTE FULGURA...

« Les éclairs de l'est annoncent des événements heureux, tandis que ceux de l'ouest portent malheur », dit la règle. Mais, même s'il était au courant, Inzaghi, dans son impossibilité de s'orienter, ne saurait rien en déduire quant au destin qui l'attend. La route qu'il suivait s'est réduite à un sentier entre deux grillages d'où l'on débouche sur un vaste terrain vague, mais seulement pour se renfoncer entre des clôtures de chantiers, des excavations profondes, des squelettes de maisons neuves ou de bâtisses en démolition.

A l'angle d'une palissade, une lanterne rouge éclaire cependant un début de trottoir, le long d'une chaussée récemment asphaltée. Et de là la couleur se propage vers des maisons achevées, d'autres déjà habitées et aux fenêtres éclairées çà et là.

Inzaghi se sent maintenant vraiment fatigué. Il passe sa serviette sous son bras, fouille dans sa poche à la recherche des cigarettes, allume la dernière du paquet et malgré le froid, se serrant dans son imperméable, reste là à fumer, adossé à la palissade. Il n'aperçoit pas tout de suite les deux ombres qui se sont détachées de l'entrée d'un immeuble en construction, sur le trottoir d'en face, et qui traversent en biais en se dirigeant vers lui.

— Tu as une cigarette ?

Les deux types, l'un en coupe-vent et l'autre avec un manteau à carreaux étriqué, se sont arrêtés devant lui et le toisent sans expression, regardent son imperméable, lorgnent la serviette qu'il tient sous le bras. La lanterne les teinte de rouge mais l'autre couleur ne les effleure pas. Ils restent livides, opaques. Pour

Inzaghi qui les a dévisagés en hochant la tête tout en continuant à fumer, ils ne sont rien.

« Tu as de l'argent ?

Inzaghi considère la cigarette qu'il a presque finie et la laisse tomber. Il tire de sa poche le paquet vide et froissé qu'il avait évité de jeter par terre.

— Personne ne vous envoie, dit-il en le tendant au plus proche des deux, qui le prend automatiquement et le fixe en fronçant les sourcils. Vous n'êtes rien.

Les deux regardent son autre main, restée dans la poche, et retraversent la rue, se retournent encore un instant, redisparaissent dans un chantier. Inzaghi traverse lui aussi, mais en direction du groupe de maisons éclairées, qu'il dépasse.

Il se retrouve sur un large trottoir, sous les réverbères d'une avenue à la circulation assez animée. Il traverse encore celle-ci sans faire attention à un camion qui pour un peu le renverserait et, tandis qu'il continue derrière un long et haut édifice, il se rend compte que la couleur n'est plus seulement devant lui. Le jeu de ses reflets est visible à présent de tous côtés.

QUO FATA TRAHUNT, RETRAHUNTQUE, SEQUAMUR.

« Suivons le chemin où le destin nous attire et réattire. » Mais le chemin s'arrête là. Le destin annoncé par les oiseaux et écrit par la prophétesse — Pythie ou Sibylle, peu importe — dans les vapeurs irisées de la Centrale F.S., Inzaghi va maintenant le vivre.

Il ne sent plus la fatigue ni le froid. La couleur le réchauffe et la certitude que les Dieux le regardent le rend infaillible. En tournant le coin de l'édifice, il ne se soucie même pas de voir où le conduisent ses derniers pas. Il sait que tout à l'heure, incessamment, il va se trouver en face d'un rectangle lumineux à côté d'une grille. Il sait que le nom est en haut à droite.

Mais une porte de voiture claque derrière lui et des pas qu'il reconnaît s'approchent par la petite allée de gravier.

— Tu as fini tard toi aussi ? dit gentiment la femme.

Pas dans le journal de ce soir, qu'elle a en main, mais peut-être dans celui de demain, Inzaghi pourra lire que des dégâts sur la ligne de Gallarate, à la hauteur de Parabiago, ont aussi retardé les express pour Domodossola, Brigue, Bâle. Pour le moment en tout cas il ne regarde pas le journal, ni le nom inscrit en haut à droite sur la dernière plaquette de l'interphone :

INZAGHI.

Il regarde la femme qui lui sourit en cherchant les clefs dans son sac, et dans la couleur qui l'entoure il la trouve belle comme aucune autre. La femme du destin, pense-t-il, en remerciant les dieux favorables et inconnus qui, tout au long de la journée, ont revu et ce soir approuvé, signé son bilan.

Notes

I RUINES AVEC FIGURES

Commencé en 1948 ou 1949, ce récit s'enlisa dans des difficultés d'écriture ; le problème était d'adapter au langage du protagoniste, nécessairement « bas », une trame presque métaphysique (Qui sommes-nous ? Où allons-nous ? etc.). Repris et achevé quinze ans plus tard, il parut en 1964.

Le titre original, *Notizie degli scavi,* s'inspire des *Notizie degli scavi di antichità,* le bulletin archéologique publié annuellement par l'Accademia dei Lincei. Dans la traduction française, parue en 1975, ce titre est devenu *Ruines avec figures,* moins allusif au « fond des choses », mais plus compréhensible et sans doute plus approprié au point de vue figuratif.

II JE TE TROUVE UN PEU PÂLE

Écrit, en raison des vacances, par Fruttero seul (à la mer en Toscane, tandis que Lucentini était à la campagne aux environs de Paris), ce récit nous avait été commandé par *L'espresso* et il parut dans deux numéros de cet hebdomadaire, sous notre double signature habituelle, au cours de l'été 1979.

D'après la commande, il aurait dû s'agir d'un récit policier, *La Femme du dimanche* ayant suggéré aux périodiques italiens de n'importe quels genre et niveau l'équation suivante : *vacances = envie d'insouciance = lectures d'évasion = polars « brillants » = F. & L.* Deux fois déjà nous avions cédé à ce type de proposition, avec des résultats peu enthousiasmants à nos yeux. Il avait été difficile, au fil des années, de persuader ces flatteurs que nous ne possédions ni le talent honnête (Conan Doyle) ni le génie obstiné (Simenon) pour exploiter avec des variations une formule quelle qu'elle soit.

P. 75 *Moi, pauvre de moi...* Vivante, Gea est, comme tout le monde, très attachée à son « moi », dont elle commencera à se détacher après l' « accident », passant progressivement et insensiblement à la deuxième personne, puis à la troisième. Ce procédé allusif, annoncé (par téléphone) à L., alarma ce dernier, toujours obsédé par les risques de la complexité et de l'inintelligible ; mais F. décida de passer outre à ces appréhensions.

P. 76 *Des, euh,* zucchini *en italien dans le texte.* Par son ambiance, sa couleur locale et son mouvement général « touristique avec brio », le récit s'apparente évidemment (en dehors des expériences personnelles de F.) au filon « italianisé » de la littérature anglo-saxonne, de Henry James à Aldous Huxley. L'idée centrale est elle-même tirée de T.S. Eliot qui, dans la note aux vers 360 et suivants de *The Waste Land,* mentionne une expédition polaire (mais il ne se rappelle pas laquelle) dont les membres, quand ils se comptaient au cours de leurs marches hallucinantes, s'imaginaient toujours qu'il y avait « une personne en plus ».

A la même expédition se rapporte peut-être *The Seventh Man* (1900), de sir Arthur Quiller-Couch, une *ghost-story* dans laquelle six marins rescapés d'un naufrage dans l'océan Arctique ont la sensation qu'un septième homme rôde autour de leur hutte sur la banquise. Par ailleurs, sir Arthur insère dans son récit une longue citation de *The Turkish Spy,* un prétendu recueil de dépêches secrètes (traduites de l'arabe en italien, puis de l'italien en anglais en 1741) qu'un agent turc à Paris aurait envoyées à la cour de Constantinople. Dans le passage cité il est question d'un ballet allégorique organisé par le cardinal Mazarin où douze danseurs déguisés en diables sont troublés par la présence parmi eux d'un mystérieux intrus, déguisé de la même façon, qui à la fin du spectacle disparaît sans laisser de trace.

P. 76 *Gazzelloni donnait un concert.* Le Maître — nous rapportèrent des amis communs — vit avec regret une intention satirique dans les allusions faites en ces pages à son ubiquité estivale de concertiste. Mais Gea, qui est et se sent ignorante (elle confond Haendel et Haydn !), ne peut pas ne pas avoir, envers les choses et les personnalités de la culture, cette impatience tranchante, typique de son milieu. En réalité, le motif de Gazzelloni, qui disparaît et revient à l'improviste tout au long du récit, a une fonction délicatement « musicale », « magique » à la Mozart, plus encore (et pour cause) que le motif étrusque ou celui du vieux cycliste, des quatre cavaliers, etc.

P. 77 *Dans ma jolie petite robe rayée...* Les métamorphoses successives de la robe de Gea — d'abord blanche, puis mauve, puis violette et enfin noire — ne plurent pas à la rigueur fanatique de L. Plus une histoire tend à l'étrange, au surnaturel, plus elle doit être réaliste et logique dans ses détails. Et l'on ne peut pas nier que ces injustifiables variations chromatiques contredisent la règle. Une dérogation, un « effet » illicite auquel F., plus permissif, ne sut cependant pas renoncer.

P. 79 *Je censure.* Ces mots, à l'origine, terminaient le paragraphe précédent. Le subtil indice du « à la ligne » fut suggéré par L., à qui l'on doit aussi ce qui est fondamental dans un récit : le point de vue du narrateur. L'idée d'une grande course de roues et de potins dans les collines toscanes était bonne ; et bonne aussi celle d'ajouter aux excursionnistes la « personne en plus », polaire ou turque. Mais qui l'aurait comptée, vue, entrevue ? Le bon millier de kilomètres qui sépare les environs de Grosseto de ceux de Paris rendait le problème, malgré la télésélection, encore plus difficile. Ce fut L., après avoir raccroché pour y réfléchir, qui trouva la solution : il fallait que le narrateur fût le fantôme lui-même, survivant ambigu et fluide d'un accident de voiture mortel.

Sans influence, bien que connue de l'un et de l'autre, la belle nouvelle d'Ambrose Bierce qui raconte les péripéties apparemment *post-mortem* d'un pendu ; ces péripéties s'avèrent en effet tout à fait illusoires, comprimées comme elles le sont dans l'instant *avant* la mort. Très proche au contraire, quoique inverse, le cas du *Baron Bagge* (1936), d'Alexander Lernet-Holenia, où un officier de cavalerie autrichien, seul survivant d'une charge contre les Russes, se retrouve parmi ses camarades morts qui continuent à « vivre » pendant quelques jours dans une réalité de plus en plus vague et proche de se dissoudre. Mais ni F. ni L. ne connaissaient à l'époque ce bref chef-d'œuvre.

III LA COULEUR DU DESTIN

Pour une analyse approfondie du texte on pourra consulter, outre l'*Orario generale delle Ferrovie dello Stato,* l'excellente carte routière *Provincia di Milano automobilistica* (avec index des communes et distances kilométriques) de l'éditeur Di Lauro, et la *Pianta generale di Milano* de l'éditeur Vincitorio (avec le tracé des lignes d'autobus, de tram et de métro). Quant au style et à l' « écriture à quatre mains », voir l'avertissement « Au lecteur ».

P. 116 *Avant-coureurs de tempête.* Voir le numéro 2859, année LVI, de *La settimana enigmistica,* auquel se rapporte probablement le souvenir d'Inzaghi.

P. 122 *Formule prescrite.* Voir le *Regolamento per la circolazione dei treni* édité par le ministère italien des Transports, article 5, n. 12.

P. 131 *Voie libre avec préavis de voie occupée. Ibid.*, article 12, n. 4.

P. 135 *Aves anseriatur...* Voir les *Tabulae Iguvinae* I/a et VI/a dans l'édition de G. Devoto, Rome, 1940^{2}.

P. 142 « *Nous, alors, nous n'aurions plus qu'à fermer.* » En tant que société de révision des comptes, le bureau où travaille Inzaghi vérifie les bilans des entreprises clientes et, à l'échéance annuelle de mars, délivre des certificats de conformité.

P. 147 *Augurium maximum.* Voir H. Dessau, *Inscriptiones latinae selectae,* vol. III/2, n. 9337. Pour l'*augurium oblativum,* voir le commentaire de Servius à l'*Énéide* de Virgile, VI, 190.

P. 151 *Dieux métacosmiques.* Voir Épicure, *passim,* et Cicéron, *De natura deorum,* I, 8.

P. 162 *Sequere me intro huc.* Voir Térence, *Hecyra,* V, 2, et *Heautontimoroumenos,* VI, 1.

P. 168 *Tu ne quaesieris.* Horace, *Odes,* I, 11.

P. 172 *Eventa bona.* Dans certaines variantes de la règle, ces « événements » appartiennent à la quatrième déclinaison : *eventus bonos.*

P. 174 *Quo fata trahunt...* Virgile, *Énéide,* V, 709.

P. 174 *Pythie ou Sibylle.* Dans sa grotte volcanique, à ce que l'on suppose, la Sibylle de Cumes vaticinait elle aussi parmi des vapeurs. L'*Énéide,* par ailleurs (III, 441 *sq.*), nous apprend que, en dehors des vaticinations orales, elle écrivait des noms et des présages sur des feuilles qu'elle disposait avec soin autour d'elle ; mais le plus léger courant d'air provoqué par qui entrait ou sortait suffisait à éparpiller ces textes, les rendant obscurs, voire incompréhensibles.

D'où peut-être la déstructuration des annonces dans le couloir venteux du tram (p. 153) et l'ambiguïté du *vaticinium* tracé sur papier dans l'antre de Garibaldi F.S. Le nom même de Lina pourrait d'ailleurs indiquer que celle-ci réincarne la prophétesse de Cumes, plutôt que celle de Delphes. Il s'agirait d'un diminutif adopté à l'âge scolaire, ou plus tard au bureau, de l'encombrant « Sibilla » voulu par sa mère, dont on sait (p. 128) qu'elle lisait les tarots aux voisins.

Table

DU MÊME AUTEUR

La Femme du dimanche
Seuil, 1973
et « Points », n° P 111

La Nuit du grand Boss
Grasset, 1980
« Le Livre de poche », n° 6826

Place de Sienne, côté ombre
Seuil, 1985
et « Points Roman », n° R 284

L'Amant sans domicile fixe
Seuil, 1988
et « Points », n° P 110

La Signification de l'existence
Arléa, 1988

La Prédominance du crétin
Arléa, 1988
« Le Livre de poche », n° 6756

La Sauvegarde du sourire
Arléa, 1989

La Chose en soi
Arléa, 1989

L'Affaire D.
Seuil, 1991
et « Points », n° P 112

Ce qu'a vu le vent d'ouest
Seuil, 1993
et « Points », n° P 14

Le Retour du crétin
Arléa, 1993

Brève Histoire des vacances
Seuil, « Point-Virgule », n° V158

De Franco Lucentini

Ruines avec figures
Seuil, 1975

De Carlo Fruttero

Je te trouve un peu pâle
Seuil, 1982

IMPRESSION : BUSSIÈRE CAMEDAN IMPRIMERIES
À SAINT-AMAND (CHER)
DÉPÔT LÉGAL : JUIN 1996. N° 29888 (4/451)

Collection Points

DERNIERS TITRES PARUS

R660. La Femme du boucher, *par Li Ang*
R661. Anaconda, *par Horacio Quiroga*
R662. Le Polygone étoilé, *par Kateb Yacine*
R663. Je ferai comme si je n'étais pas là, *par Christopher Frank*
R665. Un homme remarquable, *par Robertson Davies*
R666. Une sécheresse à Paris, *par Alain Chany*
R667. Charles et Camille, *par Frédéric Vitoux*
R668. Les Quatre Fils du Dr March, *par Brigitte Aubert*
R669. 33 Jours, *par Léon Werth*
R670. La Mort à Veracruz, *par Héctor Aguilar Camín*
R671. Le Bâtard de Palerme, *par Luigi Natoli*
R672. L'Ile du lézard vert, *par Eduardo Manet*
R673. Juges et Assassins, *par Michael Malone*
R674. L'Enfant de Port-Royal, *par Rose Vincent*
R675. Amour et Ordures, *par Ivan Klíma*
R676. Rue de la Cloche, *par Serge Quadruppani*
R677. Les Dunes de Tottori, *par Kyotaro Nishimura*
R678. Lucioles, *par Shiva Naipaul*
R679. Tout fout le camp !, *par Dan Kavanagh*
R680. Les Sept Solitudes de Lorsa Lopez, *par Sony Labou Tansi*
R681. Le Bout du rouleau, *par Richard Ford*
R682. Hygiène de l'assassin, *par Amélie Nothomb*
R684. Les Adieux, *par Dan Franck*
R687. L'Homme de la passerelle, *par Isabelle Jarry*
R688. Bambini, *par Bertrand Visage*
R689. Nom de code : Siro, *par David Ignatius*
R690. Paradis, *par Philippe Sollers*
R693. Rituels, *par Cees Nooteboom*
R694. Félidés, *par Akif Pirinçci*
R695. Le Trouveur de feu, *par Henri Gougaud*
R696. Dumala, *par Eduard von Keyserling*
P1. Cent Ans de solitude, *par Gabriel García Márquez*
P2. Le Chevalier inexistant, *par Italo Calvino*
P3. L'Homme sans qualités, tome 1, *par Robert Musil*
P4. L'Homme sans qualités, tome 2, *par Robert Musil*
P5. Le Monde selon Garp, *par John Irving*
P6. Les Désarrois de l'élève Törless, *par Robert Musil*
P7. L'Enfant de sable, *par Tahar Ben Jelloun*

P8. La Marche de Radetzky, *par Joseph Roth*
P9. Trois Femmes *suivi de* Noces, *par Robert Musil*
P10. Un Anglais sous les tropiques, *par William Boyd*
P11. Grand Amour, *par Erik Orsenna*
P12. L'Invention du monde, *par Olivier Rolin*
P13. Rastelli raconte…, *par Walter Benjamin*
P14. Ce qu'a vu le vent d'ouest, *par Fruttero & Lucentini*
P15. L'Appel du crapaud, *par Günter Grass*
P16. L'Appât, *par Morgan Sportès*
P17. L'Honneur de Saint-Arnaud
par François Maspero
P18. L'Héritage empoisonné, *par Paul Levine*
P19. Les Égouts de Los Angeles, *par Michael Connelly*
P20. L'Anglais saugrenu, *par Jean-Loup Chiflet*
P21. Jacques Chirac, *par Franz-Olivier Giesbert*
P22. Questions d'adolescents, *par Christian Spitz*
P23. Les Progrès du progrès, *par Philippe Meyer*
P24. Le Paradis des orages, *par Patrick Grainville*
P25. La Rage au cœur, *par Gérard Guégan*
P26. L'Homme flambé, *par Michael Ondaatje*
P27. Ça n'est pas pour me vanter, *par Philippe Meyer*
P28. Notre homme, *par Louis Gardel*
P29. Mort en hiver, *par L. R. Wright*
P30. L'Exposition coloniale, *par Erik Orsenna*
P31. La Dame du soir, *par Dan Franck*
P32. Le Monde du bout du monde, *par Luis Sepúlveda*
P33. Brazzaville Plage, *par William Boyd*
P34. Les Nouvelles Confessions, *par William Boyd*
P35. Comme neige au soleil, *par William Boyd*
P36. Hautes Trahisons, *par Félix de Azúa*
P37. Dans la cage, *par Henry James*
P38. L'Année du déluge, *par Eduardo Mendoza*
P39. Pluie et Vent sur Télumée Miracle
par Simone Schwarz-Bart
P40. Paroles malvenues, *par Paul Bowles*
P41. Le Grand Cahier, *par Agota Kristof*
P42. La Preuve, *par Agota Kristof*
P43. La Petite Ville où le temps s'arrêta, *par Bohumil Hrabal*
P44. Le Tunnel, *par Ernesto Sabato*
P45. La Galère : jeunes en survie, *par François Dubet*
P46. La Ville des prodiges, *par Eduardo Mendoza*
P47. Le Principe d'incertitude, *par Michel Rio*
P48. Tapie, l'homme d'affaires, *par Christophe Bouchet*
P49. L'Homme Freud, *par Lydia Flem*

P50. La Décennie Mitterrand
1. Les ruptures
par Pierre Favier et Michel Martin-Roland
P51. La Décennie Mitterrand
2. Les épreuves
par Pierre Favier et Michel Martin-Roland
P52. Dar Baroud, *par Louis Gardel*
P53. Vu de l'extérieur, *par Katherine Pancol*
P54. Les Rêves des autres, *par John Irving*
P55. Les Habits neufs de Margaret
par Alice Thomas Ellis
P56. Les Confessions de Victoria Plum, *par Anne Fine*
P57. Histoires de faire de beaux rêves, *par Kaye Gibbons*
P58. C'est la curiosité qui tue les chats, *par Lesley Glaister*
P59. Une vie bouleversée, *par Etty Hillesum*
P60. L'Air de la guerre, *par Jean Hatzfeld*
P61. Piaf, *par Pierre Duclos et Georges Martin*
P62. Lettres ouvertes, *par Jean Guitton*
P63. Trois Kilos de café, *par Manu Dibango*
en collaboration avec Danielle Rouard
P64. L'Ange aveugle, *par Tahar Ben Jelloun*
P65. La Lézarde, *par Édouard Glissant*
P66. L'Inquisiteur, *par Henri Gougaud*
P67. L'Étrusque, *par Mika Waltari*
P68. Leurs mains sont bleues, *par Paul Bowles*
P69. Contes d'amour, de folie et de mort, *par Horacio Quiroga*
P70. Le vieux qui lisait des romans d'amour, *par Luis Sepúlveda*
P71. Rumeurs, *par Jean-Noël Kapferer*
P72. Julia et Moi, *par Anita Brookner*
P73. Déportée à Ravensbruck
par Margaret Buber-Neumann
P74. Meurtre dans la cathédrale, *par T. S. Eliot*
P75. Chien de printemps, *par Patrick Modiano*
P76. Pour la plus grande gloire de Dieu, *par Morgan Sportès*
P77. La Dogaresse, *par Henri Sacchi*
P78. La Bible du hibou, *par Henri Gougaud*
P79. Les Ivresses de Madame Monro, *par Alice Thomas Ellis*
P80. Hello, Plum !, *par Pelham Grenville Wodehouse*
P81. Le Maître de Frazé, *par Herbert Lieberman*
P82. Dans la peau d'un intouchable, *par Marc Boulet*
P83. Entre le ciel et la terre, *par Le Ly Hayslip*
(avec la collaboration de Charles Jay Wurts)
P84. Sur la route des croisades, *par Jean-Claude Guillebaud*
P85. L'Homme sans postérité, *par Adalbert Stifter*

P86. Le Nez de Mazarin, *par Anny Duperey*
P87. L'Alliance, tome 1, *par James A. Michener*
P88. L'Alliance, tome 2, *par James A. Michener*
P89. Regardez-moi, *par Anita Brookner*
P90. Si par une nuit d'hiver un voyageur, *par Italo Calvino*
P91. Les Grands Cimetières sous la lune, *par Georges Bernanos*
~~P92~~. Salut Galarneau !, *par Jacques Godbout*
P93. La Barbare, *par Katherine Pancol*
P94. American Psycho, *par Bret Easton Ellis*
P95. Vingt Ans et des poussières, *par Didier van Cauwelaert*
P96. Un week-end dans le Michigan, *par Richard Ford*
P97. Jules et Jim, *par François Truffaut*
~~P98~~. L'Hôtel New Hampshire, *par John Irving*
P99. Liberté pour les ours !, *par John Irving*
P100. Heureux Habitants de l'Aveyron et des autres départements français, *par Philippe Meyer*
P101. Les Égarements de Lili, *par Alice Thomas Ellis*
P102. Esquives, *par Anita Brookner*
P103. Cadavres incompatibles, *par Paul Levine*
P104. La Rose de fer, *par Brigitte Aubert*
P105. La Balade entre les tombes, *par Lawrence Block*
P106. La Villa des ombres, *par David Laing Dawson*
P107. La Traque, *par Herbert Lieberman*
P108. Meurtres à cinq mains, *par Jack Hitt avec Lawrence Block, Sarah Caudwell, Tony Hillerman, Peter Lovesey, Donald E. Westlake*
P109. Hygiène de l'assassin, *par Amélie Nothomb*
~~P110.~~ L'Amant sans domicile fixe *par Carlo Fruttero et Franco Lucentini*
P111. La Femme du dimanche *par Carlo Fruttero et Franco Lucentini*
P112. L'Affaire D., *par Charles Dickens, Carlo Fruttero et Franco Lucentini*
P113. La Nuit sacrée, *par Tahar Ben Jelloun*
P114. Sky my wife ! Ciel ma femme !, *par Jean-Loup Chiflet*
P115. Liaisons étrangères, *par Alison Lurie*
P116. L'Homme rompu, *par Tahar Ben Jelloun*
P117. Le Tarbouche, *par Robert Solé*
P118. Tous les matins je me lève, *par Jean-Paul Dubois*
P119. La Côte sauvage, *par Jean-René Huguenin*
P120. Dans le huis clos des salles de bains, *par Philippe Meyer*
~~P121~~. Un mariage poids moyen, *par John Irving*
~~P122.~~ L'Épopée du buveur d'eau, *par John Irving*
~~P123.~~ L'Œuvre de Dieu, la Part du Diable, *par John Irving*

P124. Une prière pour Owen, *par John Irving*
P125. Un homme regarde une femme, *par Paul Fournel*
P126. Le Troisième Mensonge, *par Agota Kristof*
P127. Absinthe, *par Christophe Bataille*
P128. Le Quinconce, vol. 1, *par Charles Palliser*
P129. Le Quinconce, vol. 2, *par Charles Palliser*
P130. Comme ton père, *par Guillaume Le Touze*
P131. Naissance d'une passion, *par Michel Braudeau*
P132. Mon ami Pierrot, *par Michel Braudeau*
P133. La Rivière du sixième jour (Et au milieu coule une rivière) *par Norman Maclean*
P134. Mémoires de Melle, *par Michel Chaillou*
P135. Le Testament d'un poète juif assassiné, *par Elie Wiesel*
P136. Jésuites, 1. Les conquérants *par Jean Lacouture*
P137. Jésuites, 2. Les revenants *par Jean Lacouture*
P138. Soufrières, *par Daniel Maximin*
P139. Les Vacances du fantôme, *par Didier van Cauwelaert*
P140. Absolu, *par l'abbé Pierre et Albert Jacquard*
P141. En attendant la guerre, *par Claude Delarue*
P142. Trésors sanglants, *par Paul Levine*
P143. Le Livre, *par Les Nuls*
P144. Malicorne, *par Hubert Reeves*
P145. Le Boucher, *par Alina Reyes*
P146. Le Voile noir, *par Anny Duperey*
P147. Je vous écris, *par Anny Duperey*
P148. Tierra del fuego, *par Francisco Coloane*
P149. Trente Ans et des poussières, *par Jay McInerney*
P150. Jernigan, *par David Gates*
P151. Lust, *par Elfriede Jelinek*
P152. Voir ci-dessous : Amour, *par David Grossman*
P153. L'Anniversaire, *par Juan José Saer*
P154. Le Maître d'escrime, *par Arturo Pérez-Reverte*
P155. Pas de sang dans la clairière, *par L. R. Wright*
P156. Une si belle image, *par Katherine Pancol*
P157. L'Affaire Ben Barka, *par Bernard Violet*
P158. L'Orange amère, *par Didier Van Cauwelaert*
P159. Une histoire américaine, *par Jacques Godbout*
P160. Jour de silence à Tanger, *par Tahar Ben Jelloun*
P161. La Réclusion solitaire, *par Tahar Ben Jelloun*
P162. Fleurs de ruine, *par Patrick Modiano*
P163. La Mère du printemps (L'Oum-er-Bia) *par Driss Chraïbi*

P164. Portrait de groupe avec dame
par Heinrich Böll
P165. Nécropolis, *par Herbert Lieberman*
P166. Les Soleils des indépendances
par Ahmadou Kourouma
P167. La Bête dans la jungle, *par Henry James*
P168. Journal d'une Parisienne, *par Françoise Giroud*
P169. Ils partiront dans l'ivresse, *par Lucie Aubrac*
P170. Le Divin Enfant, *par Pascal Bruckner*
P171. Les Vigiles, *par Tahar Djaout*
P172. Philippe et les Autres, *par Cees Nooteboom*
P173. Far Tortuga, *par Peter Matthiessen*
P174. Le Dieu manchot, *par José Saramago*
P175. Molière ou la Vie de Jean-Baptiste Poquelin
par Alfred Simon
P176. Saison violente, *par Emmanuel Roblès*
P177. Lunes de fiel, *par Pascal Bruckner*
P178. Le Voyage à Paimpol, *par Dorothée Letessier*
P179. L'Aube, *par Elie Wiesel*
P180. Le Fils du pauvre, *par Mouloud Feraoun*
P181. Red Fox, *par Anthony Hyde*
P182. Enquête sous la neige, *par Michael Malone*
P183. Cœur de lièvre, *par John Updike*
P184. La Joyeuse Bande d'Atzavara
par Manuel Vázquez Montalbán
P185. Le Petit Monde de Don Camillo
par Giovanni Guareschi
P186. Le Temps des Italiens, *par François Maspero*
P187. Petite, *par Geneviève Brisac*
P188. La vie me fait peur, *par Jean-Paul Dubois*
P189. Quelques Minutes de bonheur absolu
par Agnès Desarthe
P190. La Lyre d'Orphée, *par Robertson Davies*
P191. Pourquoi lire les classiques, *par Italo Calvino*
P192. Franz Kafka ou le Cauchemar de la raison
par Ernst Pawel
P193. Nos médecins, *par Hervé Hamon*
P194. La Déroute des sexes, *par Denise Bombardier*
P195. Les Flamboyants, *par Patrick Grainville*
P196. La Crypte des capucins, *par Joseph Roth*
P197. Je vivrai l'amour des autres, *par Jean Cayrol*
P198. Le Crime des pères, *par Michel del Castillo*
P199. Les Cahiers de Malte Laurids Brigge
par Rainer Maria Rilke

P200. Port-Soudan, *par Olivier Rolin*
P201. Portrait de l'artiste en jeune chien
par Dylan Thomas
P202. La Belle Hortense, *par Jacques Roubaud*
P203. Les Anges et les Faucons, *par Patrick Grainville*
P204. Autobiographie de Federico Sánchez
par Jorge Semprún
P205. Le Monarque égaré, *par Anne-Marie Garat*
P206. La Guérilla du Che, *par Régis Debray*
P207. Terre-Patrie, *par Edgar Morin et Anne-Brigitte Kern*
P208. L'Occupation américaine, *par Pascal Quignard*
P209. La Comédie de Terracina, *par Frédéric Vitoux*
P210. Une jeune fille, *par Dan Franck*
P211. Nativités, *par Michèle Gazier*
P212. L'Enlèvement d'Hortense, *par Jacques Roubaud*
P213. Les Secrets de Jeffrey Aspern, *par Henry James*
P214. Annam, *par Christophe Bataille*
P215. Jimi Hendrix. Vie et légende
par Charles Shaar Murray
P216. Docile, *par Didier Decoin*
P217. Le Dernier des Justes, *par André Schwarz-Bart*
P218. Aden Arabie, *par Paul Nizan*
P219. Dialogues des Carmélites, *par Georges Bernanos*
P220. Gaston Gallimard, *par Pierre Assouline*
P221. John l'Enfer, *par Didier Decoin*
P222. Trente Mille Jours, *par Maurice Genevoix*
P223. Cent Ans de chanson française
par Chantal Brunschwig, Jean-Louis Calvet
et Jean-Claude Klein
P224. L'Exil d'Hortense, *par Jacques Roubaud*
P225. La Grande Maison, *par Mohammed Dib*
P226. Une mort en rouge, *par Walter Mosley*
P227. N'en faites pas une histoire
par Raymond Carver
P228. Les Quatre Faces d'une histoire, *par John Updike*
P229. Moustiques, *par William Faulkner*
P230. Mortelle, *par Christopher Frank*
P231. Ceux de 14, *par Maurice Genevoix*
P232. Le Baron perché, *par Italo Calvino*
P233. Le Tueur et son ombre, *par Herbert Lieberman*
P234. La Nuit du solstice, *par Herbert Lieberman*
P235. L'Après-midi bleu, *par William Boyd*
P236. Le Sémaphore d'Alexandrie, *par Robert Solé*
P237. Un nom de torero, *par Luis Sepúlveda*

P238. Halloween, *par Lesley Glaister*
P239. Un bonheur mortel, *par Anne Fine*
P240. Mésalliance, *par Anita Brookner*
P241. Le Vingt-Septième Royaume, *par Alice Thomas Ellis*
P242. Le Sucre et autres récits, *par Antonia S. Byatt*
P243. Le Dernier Tramway, *par Nedim Gürsel*
P244. Une enquête philosophique, *par Philippe Ken*
P245. Un homme peut en cacher un autre, *par Andreu Martín*
P246. A l'ouest d'Allah, *par Gilles Kepel*
P247. Nedjma, *par Kateb Yacine*
P248. Le Prochain sur la liste, *par Dan Greenburg*
P249. Les Chambres de bois, *par Anne Hébert*
P250. La Nuit du décret, *par Michel del Castillo*
P251. Malraux, une vie dans le siècle, *par Jean Lacouture*
P252. Une année en Provence, *par Peter Mayle*
P253. Cap Horn, *par Francisco Coloane*
P254. Eldorado 51, *par Marc Trillard*
P255. Juan sans terre, *par Juan Goytisolo*
P256. La Dynastie des Rothschild, *par Herbert Lottman*
P257. La Trahison des Lumières
par Jean-Claude Guillebaud
P258. Je suis vivant et vous êtes morts
par Emmanuel Carrère
P259. Minuit passé, *par David Laing Dawson*
P260. Le Guépard, *par Giuseppe Tomasi di Lampedusa*
P261. Remise de peine, *par Patrick Modiano*
P262. L'Honneur perdu de Katharina Blum, *par Heinrich Böll*
P263. Un loup est un loup, *par Michel Folco*
P264. Daddy's Girl, *par Janet Inglis*
P265. Une liaison dangereuse, *par Hella S. Haasse*
P266. Sombre Sentier, *par Dominique Manotti*
P267. Ténèbres sur Jacksonville, *par Brigitte Aubert*
P268. Blackburn, *par Bradley Denton*
P269. La Glace noire, *par Michael Connelly*
P270. La Couette, *par Camille Todd*
P271. Le Petit Mitterrand illustré, *par Plantu*
P272. Le Train vert, *par Herbert Lieberman*
P273. Les Villes invisibles, *par Italo Calvino*
P274. Le Passage, *par Jean Reverzy*
P275. La Couleur du destin, *par Franco Lucentini*
et Carlo Fruttero
P276. Gérard Philipe, *par Gérard Bonal*
P277. Petit Dictionnaire pour lutter contre l'extrême droite
par Martine Aubry et Olivier Duhamel